글로벌 리더들의

# 리더십 DNA

# LEADERSHIP

**김명희 · 한국리더십연구회** 지음

장서원
도서출판

# 머리말

꿈꾸는 자는 성공과 함께 세상을 정복할 수 있다. 성공한 사람들에게는 꿈을 향한 열정과 명확하고 구체적인 목표가 있었다. 꿈과 비전을 가슴에 품고 그대로 포기하지 않고 최선을 다하는 리더는 꿈을 가진 자이기에 아름답다. 따라서 리더를 꿈꾸는 자는 꿈과 함께 자신의 성장과 변혁과 혁신을 끊임없이 이루어 가야한다. 최고의 리더는 조직의 경영자이면서 동시에 꿈과 비전을 구성원과 함께 공유하는 CEO이다. 구성원의 역할과 앞서 추진하는 리더로서의 역할을 슬기롭게 조화시켜야 성공한 리더가 된다는 의미이다.

한 사회나 조직체의 산적한 문제들을 해결할 수 있는 단 하나의 요소는 리더십이고 조직체의 자원 중 “리더십이 가장 중요하다. 리더십을 대치할 수 있는 것은 아무것도 없다.” (Drucker) “성공적인 조직체가 실패한 조직체와 구별되는 요소는 역동적이며 능력 있는 리더이다.” (Engstrom) "조직체의 성공은 절대적으로 리더십에 기인한다. “(Peters와 Waterman)

근래 수많은 리더십 관련 이론과 저서들이 소개되고 있고

21세기에 접어들면서 글로벌 리더에 관한 관심이 매우 높아지고 있다. 리더십 이론도 다양하게 개발되고 있으며 근래에는 섬김의 리더십과 인간 경영의 중요성이 강조되고 있다.

필자도 숙명여대 대학원과 각 기업체 그리고 여러 기관에서 리더십 관련 강의를 하면서 적절한 교재와 부교재를 찾던 중, 필자의 강의를 듣던 제자들인 리더십 전공 대학원생들과 함께 리더십 연구회 모임을 구성하여 리더십을 연구하게 되었다. 본 저서는 리더가 갖추어야 할 덕목을 리더십에 관심을 갖고 있는 모든 이들이 쉽게 삶 속에 적용할 수 있도록, 이론보다 글로벌 리더들의 리더십 핵심 키워드를 중심으로 실제적인 면에 중점을 두었다. 현장에서 실제적으로 적용할 수 있고 누구나 쉽게 읽고 이해할 수 있도록 자신의 성장과 혁신을 위한 셀프 리더십에서부터 조직과 사회에서의 리더십에 이르기까지 체계적으로 재조명 하려 노력하였다.

그리고 리더가 되고자 하는 이들과 리더십에 관심을 갖고 있는 모든 이들이 리더십을 쉽게 이해할 수 있도록 유형별로 정리하였다. 또한 국내외의 실천 리더십의 인물들을 중심으로 그들의 리더십의 본질과 키워드 그리고 글로벌 리더들의 성장 과정 등을 소개하고 그들의 리더십을 통해 이해의 폭을 넓히는 데 도움을 주려하였다.

이 책은 세 부분으로 구성되어 있다. Part I 에서는 리더십의 전반적 개념과 리더십의 주요 핵심을 분석·재조명하였고,

PartⅡ에서는 리더십의 유형을 나누어 카리스마 리더십, 서번트 리더십, 서비스 리더십, 셀프 리더십, 피그말리온 리더십에 이르기까지 다섯 가지 리더십의 핵심과 내용을 다루었다. PartⅢ에서는 21세기가 요구하는 리더의 모습과 리더를 꿈꾸는 사람들에게 요구되는 덕목을 다루고 글로벌 리더들의 리더십을 분석 정리하면서 글로벌 리더십이 무엇인가를 이해할 수 있도록 하였다. 특히 글로벌 리더들의 성장 과정을 소개하면서 그들의 꿈과 비전, 리더십 핵심 키워드, 성공한 리더로서의 특성과 업적 등을 다루었다.

리더십에 관심을 가지고 있는 모든 분들이 이 저서가 자신의 성장과 혁신 그리고 비전과 꿈을 이루는데 도움이 될 것이라는 기대를 가지고 집필하였다. 또한 그 과정은 필자에게도 새롭게 성장하고 뜨거운 열정과 꿈이 다시 새겨지는 시간이었다.

대학원에서 필자의 강의를 듣던 리더십 전공 대학원생인 변지민, 한혜영, 장지은은 필자가 소장으로 몸담고 있는 한국인간행동유형연구소의 리더십연구회에서 함께 리더십을 공부하면서 PartⅢ의 “인물로 보는 글로벌 리더들”의 자료를 찾고 정리하는 작업에 함께 동참하였다. PartⅢ에서 예로 든 글로벌 리더들의 꿈과 꿈이 이루어졌던 과정들을 함께 정리하면서, 리더들의 삶을 통해 강의실에서 맛보지 못한 가슴 깊은 곳에서의 뜨거운 열정과 도전, 그리고 꿈이 다시 살아나 감동의 시간을 갖기도 하였다.

이 책이 만들어지기까지 강의와 상담, 그리고 학생 지도를 제외한 시간들을 할애하면서, 리더십에 대한 배움의 열정으로 집필에 전념하였다. 본 저서가 독자들의 꿈을 실현하는 데 실질적인 도움이 되기를 간절히 소망한다.

필자의 한국인간행동유형연구소 부설 한국리더십연구회는 리더십 관련 학문과 글로벌 리더들을 집중 연구하고 강의와 워크숍과 집필 등을 하는 연구회로서 앞으로 계속해서 독자들의 요구와 시대가 요구하는 리더십 관련 양서들을 출간할 계획으로 있다. 여기에 이르기까지 도움을 주신 손길들에게 깊이 감사드린다. 끝으로 이 책의 출판을 맡아 주신 장서원의 장석홍 사장님과 편집부 담당자께 진심으로 감사드린다.

2008. 8.
방배동 백석 연구실에서
김 명 희

# 새 시대 리더의 초상과 그 현장

-『글로벌 리더들의 리더십 DNA』에 부쳐

성공하는 리더는 어떤 사람인가? 21세기에 한 조직을 경영하는 리더가 꼭 갖추어야 할 덕목은 무엇인가? 이 책은 이러한 질문에 대한 해답을 담은 책이다.

이 책에서는 리더십을 영향력으로 설명하고 있다. 어떤 지위를 차지하고 있느냐가 중요한 것이 아니며, 다른 사람에게 어떤 형식으로든 영향력을 행사할 때 그것을 리더십이라고 할 수 있는 것이다. 한 조직의 리더가 스스로 그 리더십을 어떻게 갖추고 발휘할 것인가에 대해 여러 가지 측면에서 설명하고 있다.

또한 이 책에서는 리더에게 가장 중요한 것으로 셀프리더십을 꼽고 있다. 자신을 리드할 수 없는 사람이, 다른 사람이나 조직을 리드할 수 없기 때문이다. 그렇기 때문에 먼저 자신을 잘 리드할 수 있는 능력을 갖추어야 한다. 한 조직의 리더가 스스로를 리드할 수 있는 효율적인 능력을 갖출 때, 비로소 조직을 효율적으로 리드할 수 있게 된다는 뜻이다.

저자는 리더십의 가장 중요한 본질로 사랑과 섬김, 솔선수범하는 실천을 들고 있다. 사실 이 책의 중요한 장점은 일반적으로 이야기하는 리더십의 본질에 덧붙여 성경적인 관점에서 추출해 낼 수 있는 리더십의 본질을 제시하고 있다는 점이다. 보편적으로 성공한 리더십을 이야기할 때, 리더가 이루어낸 조직의 이윤 창출, 공동체의 목표 달성 등이 그 리더십을 증명해 준다. 하지만 여기에서는 리더십의 가치를 증명해주는 것이 성과에 국한되지 않는다. 그러한 성취보다는 그 리더십의 본질이 리더십의 가치를 증명해 준다는 관점을 제시하고 있다.

리더가 먼저 자신을 잘 리드하고, 그 다음에는 섬김의 리더십을 가지고 조직의 구성원을 지지하고 격려하고 지원해 나갈 때, 구성원과 리더 사이에는 신뢰가 형성된다. 바로 이 신뢰가 중요한 자산이자, 리더가 성공할 수 있는 발판이 된다는 것이다.

사람은 누구나 자기를 리드하고 자신의 삶을 경영할 권리와 의무를 가지고 있다. 또 자기가 원하든 원하지 않든 주변 사람들에게 정서적으로 영향을 미치며, 그들의 결정과 행동에 영향을 미치며 살아가게 된다. 어차피 그렇게 되게 되어 있는 것이니 아무 생각이나 자의식 없이 그렇게 살아간다면 결국 다른 사람에게 해로운 영향을 주는 삶을 살아가게 될 것이다. 되도록이면 성실하게 살고 다른 사람에게 좋지 않은 영향을 미치지 않고 살아가려 한다면 소극적인 삶을 살게 될 뿐이다.

하지만 이 책의 내용대로 자신의 리더십을 잘 살펴보고 자신을 어떻게 리드할 것인가, 내 주변 사람에게 어떤 방식으로 영향을 미칠 것인가를 생각하면서 긍정적인 영향을 미칠 수 있는 방향으로 나 자신을 조절해 나간다면 적극적인 삶, 다른 사람에게 선한 영향력을 끼치는 삶을 살아가게 될 것이다.

이 책의 내용대로 한다면 리더십은 누구에게나 있으며 삶의 모든 상황에서 발휘되고 있다. 그러므로 내가 나를 어떻게 리드하고 있는가, 내 주변 사람들에게 내가 어떤 영향력을 행사하고 있는가를 늘 생각하면서 나의 리더십이 사랑의 본질과 일치하도록 만들어 나가는 것이 중요한 관건이다.

특히 이 책의 partⅢ에서는 넬슨 만델라, 콘돌리자 라이스, 힐러리 로댐 클린턴, 반기문, 세종대왕 등 국내외 다양한 글로벌 리더들의 삶을 조명하고, 그 삶을 통해 리더들의 꿈과 꿈을 이루는 과정을 일화 중심으로 정리하면서 그들의 열정적인 삶의 태도를 부각시키고 있다. 저자가 이들을 통해 보여주고 있는 리더십은 긍정적인 사고와 도전 정신으로 다른 사람들을 이끌어가는 능력과 더불어 자기 자신을 리드하고, 주위 사람들에 대한 지지와 격려를 아끼지 않는 리더의 모습이다. 이는 사랑과 섬김, 솔선수범하는 실천을 리더십의 본질로 삼고 있는 저자의 견해가 다양한 인물들의 실례를 통해 제시되고 있는 것이라 할 수 있다.

또한 이 장에서는 partⅡ에서 다루고 있는 리더십의 다양한 유형을 보여주는 사례로 여러 인물들의 삶을 분석·정리하고 있다. 그 중에서도 기독교적 관점에서 추출한 섬김의 리더십을 중심으로 여러 일화를 전개하고 있는 것은, 이 책을 통하여 흥미로운 읽을거리와 장기적인 삶의 비전이 조화롭게 악수하는 그 현장을 보게 한다.

이 책을 계획하고 집필하신 김명희 교수님은, 이 분야의 올곧고 전문성 있는 학자요 국내외 여러 대학과 관련기관에서 이와 관련된 연구와 교육을 수행해온 경력을 가진 분이다. 아마도 그 뜨겁고 신실한 교육열과 미래의 비전을 삶 속에 실천하는 연구 성과는 앞으로도 지속적인 전개를 보일 것이다. 책 읽기의 흥미와 교훈을 함께 전하는 이 책의 한 모서리에, 이와 같은 기대를 적어두며 앞으로의 더 돌올한 성과를 기다려 본다.

**김종회**(문학평론가, 경희대 교수)

# 차 례

# PARTⅡ. 리더십 유형

## 끊임없는 성장을 위한 셀프 리더십



## 섬김의 리더십



## 서비스 리더십

## 셀프 리더십



## 카리스마 리더십



## 피그말리온 리더십

## PART Ⅲ. 글로벌 리더의 리더십 DNA

# PART I 진정한 21세기 리더

진정한 리더는 누구인가

글로벌 기업 CEO들이 갖고 있는 경영적 화두와 고민은 글로벌라이제이션(globalization)에 따른 전략적 경영이라고 볼 수 있다. 이러한 세계적 틀 속에서의 전략적 경영은 기업뿐만 아니라 교육계 정치계 경제계 언론계 할 것 없이 전 세계적으로 고객과 소비자들 중심의 경영전략과 진정한 글로벌 CEO 리더십을 요구하고 있기 때문이다.

한 마디로 21세기의 CEO는 고객과 소비자를 위한 전략적 경영을 통해 고객이 기대하고 요구하는 최고의 서비스를 제공할 수 있어야 한다는 의미이다. 이런 관점에서 보면, 21세기 경제·경영 분야의 부(富)를 위한 두뇌 싸움은 CEO의 리더십에 달려있다. 미국을 포함한 여러 선진국이 두뇌 중심의 지식 경제로 전환되고 있다는 것은 누구나 알고 있다. 앨빈 토플러의 「부의 미래」에서 "부의 창출에 있어서 지식의 중요성은 한 단계 더 높은 차원으로 도약할 것이고 지속적인 성장을 위해 변혁과 혁신을 거듭할 것이다." 라고 하였다. 이처럼 리더를 꿈꾸는 사람이라면 자신의 성장과 변혁 그리고 혁신을 끊임없이 이루어 가야 할 것이다. 그렇다면 과연 리더의 자질을 갖춘 사람은 어떤 사람인가? 자제력과 지성, 따뜻한 마음, 뜨거운 열정, 선한 성품, 유쾌한 유머 감각, 타인을 배려하고 섬기는 자세, 이 중 그 어느 것도 중요하지 않은 것은 없다. 이러한 품성을 갖춘 리더라면 조직원 개개인의 성장과 지속적인 혁신을 통해 조직원 모두 셀프리더가 될 수 있도록 성공한 조직으로 만들 수도 있을 것이다.

## 리더십의 핵심요소는 무엇인가?

타넨바움(Tannenbaum)이라는 학자는 리더십의 정의를 사람과의 관계에서의 영향력 전달과정으로써 특정목표를 성취하기 위해서 커뮤니케이션을 통하여 행사되어지는 인간관계에서의 영향력이라 했다.

또한 러시에(Lussier)는 리더십이란 변화를 통해서 조직의 목적들을 성취하는 리더와 구성원간의 영향력 과정이라고 하였다. 이러한 리더십의 정의를 보면 추종자들의 행동에 영향을 미칠수 있는 리더들의 리더십에서 중요한 것은 첫째, 리더가 추종자 혹은 구성원들에게 미치는 영향력(influence), 둘째, 목표(goal)를 세우고 비전(vision)을 구성원들과 함께 공유하는 것, 셋째, 다양성을 수용하면서도 효과적인 커뮤니케이션(communication), 넷째, 공동체 혹은 조직의 혁신적인 환경과 상황에서 적절한 리더십의 영향을 미칠 수 있는지의 상황(situation)에서 혁신적 변화(change)라고 하였다. 이러한 영향력을 통해 열매를 얻는 것이 리더십의 결과이며 성과라고 하였다.

## 리더십은 이론이 아닌 100%실천이다

리더는 폐쇄적으로 닫혀있는 대인관계를 개방하여 부서간의 개방으로 이끌고, 기업의 공동 비전을 공유하며, 조직 내의 개개인의 능력과 잠재적 역량을 끌어내어 조직과 개인의 성장을 위해 노출시키는 것이다. 또한 구성원 개개인의 장점을 잘 파악하고, 그 장점을 강화하여 큰 시너지효과를 얻어내는 것이다. 리더가 비전만 내세우고 스스로는 실천하지 않는다면 이미 그는 리더의 자격을 상실한 것이다.

리더십은 이론이 아닌 100% 실천이기 때문이며 리더는 태어난 것이 아니라 만들어 가는 것이기 때문이다.

## 신뢰받는 리더는 조직 구성원을 신뢰한다

창의력과 재능이 있는 직원들로 구성된 팀을 운영하는 기업과 다양한 조직 (교육계 · 정치계 · 경제계 · 유통업계 · 중소기업)의 리더인 CEO는 조직원 상호간에 신뢰감을 형성하는 것이 가장 중요하며 조직의 변화를 촉진하되 문화와 환경에 적절히 적응하며 신속하고 정확하게 피드백하고 냉철하되 진정으로 공감하는 것이다.

또한 기존의 원칙과 틀을 중시하나 그 틀을 벗어나서 다른 시각에서 다양하게 뒤집어 보고, 다시 생각해 보고 자신의 행동 유형이나 기질적 성향을 알고 이해하여 균형 있게 조율하여야 한다. 많은 사람들은 과거의 성공에 도움이 되었던 자신의 강점에 집착하는 경향이 있다. 자신의 강점과 타고난 기질적 성향, 그리고 잠재적 역량과 능력이 무엇인지 정확히 파악하여야 한다.

리더는 조직 구성원들에게 높은 수준의 신뢰감을 형성하고, 기대하는 성과와 결과를 얻기 위해, 조직원과 팀이 되어 능력을 최대한 발휘할 수 있도록 조직 구성원들을 격려하고 지지하며 자신감을 길러주어야 한다. 특히 업무와 자기 계발 측면에서 조직구성원들을 진심으로 신뢰하도록 한다.

### 구성원들은 리더로부터 인정과 격려, 지지와 지원을 갈망한다

리더는 문제해결 능력과 문제 대처 방안을 위해 팀 단위로 접근하고 조직원 개개인에게도 관심과 배려의 마음을 갖는다. 리더는 세세하게 업무나 개인 일에 깊이 간섭하지 않고 조직 구성원들의 인격에 상처를 주지 않는 선에서 그리고 사생활 침해를 하지 않는 선에서 적절하게 개입하고 현명하게 판단하며 조언과 조정 및 지지가 필요하다면 최종 결정권을 행사한다. 구성원들을 인정하고 지원하는 일은 직원들의 자율성을 침해하는 차원이 아니라 리더의 지위와 경험이 부여된 권위를 정당하게 사용하는 행위인 것이다.

그리고 CEO는 조직 구성원들을 지속적으로 교육하고 기업과 조직 성장의 원동력인 우수한 인재를 확보하고 양성하는데 주력할 필요가 있다. 또한 적재적소에 인력을 배치하는 것을 유능한 CEO만이 할 수 있는 역량이자 능력이다.

최고의 인재를 선별할 수 있는 눈과 최고의 서비스를 제공할 수 있는 직관력 그리고 글로벌 마인드를 갖는 것이다.

## 조직원들의 전공과 잠재력 역량까지 파악하라

CEO는 예리한 통찰력과 직관력으로 조직의 모든 구성원들의 전공과 관심영역이 무엇인지, 그의 비전과 삶의 목적이 무엇인지, 그들이 잠재적으로 가지고 있는 끼가 무엇인지를 잘 알아야 하고, 그들의 잠재력과 역량과 숨은 끼들을 잘 살려 줄 수 있는 유능한 리더가 되어야 한다. 물론 대기업체일 경우 리더가 개개인의 역량을 모두 파악하는 것은 쉬운 일이 아니다. 그러나 적어도 조직의 핵심부서나 중간관리자 등 리더급 구성원들은 각 개개인을 파악하고 있어야 한다.

급변하는 현대사회에서는 기존의 직장 개념이 직업개념으로 바뀌고 있다. 앨빈 토플러는 “부의 미래”에서 오늘날처럼 변화무쌍한 세상에서 어떠한 사실(fact)이 사실로서 그리 오래가지 못 한다는 것, 사람들의 자리 이동도 이 직장에서 저

직장으로 수시로 이루어진다는 점을 지적하였다. 급변하는 현대사회는 한 사람의 직업이 한 직장만으로 고정되지 않으며 급변하는 시대의 흐름에 따라 끊임없는 성장을 요구하고 있다. 리더는 구성원들 개개인의 가슴에 조직의 공동의 비전을 명확하게 심어주고 그들 개개인의 꿈도 함께 공유하는 리더여야 할 것이다.

"나는 000이 될 것이다."
"나는 이러한 개인과 조직이 가지고 있는 공동의 비전과 삶의 목표 그리고 조직에서의 어떤 역량과 능력을 발휘할 것이다."라는 뚜렷한 목표를 세울 수 있도록 지지해 줄 필요가 있다.

# 진정한 리더는 누구인가

## 먼저 자신을 혁신하고 코칭하라

리더십 유형을 크게 내적 리더십(self-Leadership)과 외적 리더십(Relation-Leadership)으로 나누어보면, 내적 리더십은 자기 계발과 성장을 위한 자기 혁신, 가치관 확립, 비전 수립으로 나누어 볼 수 있다. 외적 리더십은 타인에 대한 리더십으로써 관계를 통한 의사소통 능력, 창조적 혁신 능력, 임파워먼트 능력으로 구분 할 수 있다. 스티븐 코비의 리더십의 4가지 원칙을 살펴보면, 아래와 같이 설명 하고 있다.

첫째 : 리더십은 문화 · 종교 · 국가를 초월하여 원칙이라고 하는 자연법칙에 기반을 두고 있다. 우리는 흔히 리더십을 원칙이 아닌 규칙에 의해 관리할 때가 있다. 그러나 그것은 잘못된 것이다.

둘째 : 조직의 리더가 원칙을 중심으로 조직의 구성원들에게 영향을 끼치는 것이다.

셋째 : 조직 구성원 또는 고객이 원하는 것이 무엇인지 정확하게 요구와 기대를 파악 하고 부응할 때 구성원과 고객의 만족도가 높아간다.

넷째 : 여러분 모두는 리더이다. 여러분 스스로가 속한 가정과 사회, 그리고 조직의 구성원들에게 신뢰와 모범이 된다면 신뢰와 존경하는 관계가 형성 된다.

## 감수성 훈련의 효과

리더는 자신을 바로 알아야 한다. 나를 바로 아는 것이 세상을 바로 아는 것이다. 나를 이해하는 것은 타인을 이해할 수 있게 되는 근본이며 원동력이 된다. 자신을 정확하게 알면 자신을 이해할 수 있고, 수용할 수 있으며, 자신을 진정으로 사랑할 수 있게 된다. 자신을 사랑할 수 있게 되었을 때 진정으로 자유로워질 수 있다. 그리고 타인을 이해와 수용을 넘어 사랑할 수 있게 된다.

감수성 훈련에서 나타나는 열매는 자기 성장과 인간관계 개선 그리고 환경변화에 대한 대처와 적응능력 증진이다. 또한 조직구성원의 핵심 감정 및 문제 파악 등이라고 볼 때 자기성장은 자신에 대한 긍정적 자아 개념과 자기 탐색과 자기 이해, 자기 수용, 자기 개방을 의미한다고 볼 수 있다. 인간관계 개선은, 진정한 신뢰와 존경을 바탕으로 인간적인 신뢰와 서로간의 존경을 통해 이루어져야 하고 갈등이 있을 경우에도 서로의 갈등 관계 회복을 통하여 더욱더 깊은 친밀감을 형성하고 관계를 회복하는 것이 인간관계 개선의 주 핵심이 되어야 한다. 그리고 환경변화의 대처 및 적응능력 증진은 끊임없는 자기개발과 환경 적응, 그리고 끊임없는 자기성장을 통하여 이루어진다. 핵심감정 및 문제 파악은 자신과 타인의 정서를 읽을 수 있는 눈과 핵심 감정을 이해하고 문제해결능력을 키우는데 있다. 리더는 감수성 훈련을 통하여 긍정의 힘을 키우고 긍정적인 자아상과 긍정적인 관계를 형성하는 데 필요한 성품과 잠재력을 깨운다. 긍정적이고 건강한 자아를 가진 자만이 타인을 긍정적이고 건강하게 볼 수 있는 눈을 가질 수 있기 때문이다.

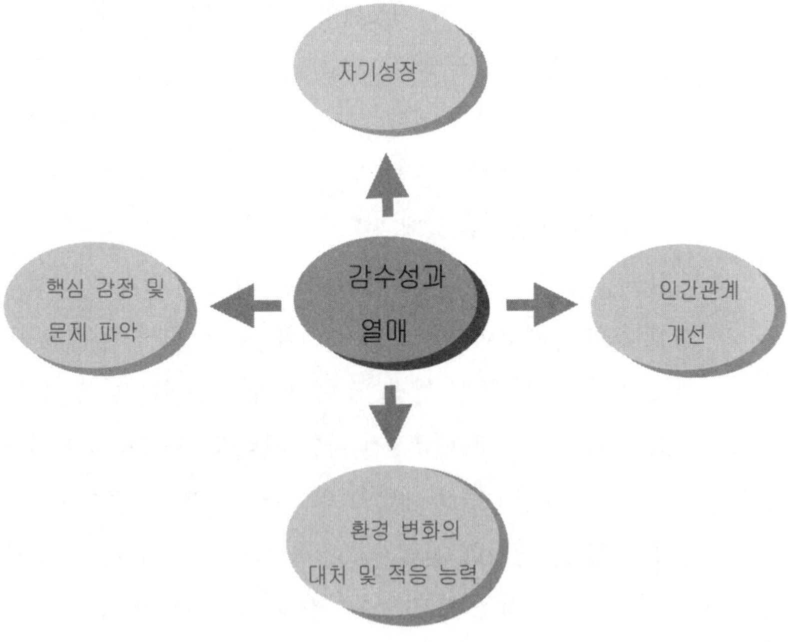

## 리더십의 지표는 긍정적 영향력이다.

리더십교육을 시행하고 있는 많은 기업들과 교육기관에서 리더십의 본질을 기능적 스킬(Skill)이나 역량으로 이해하고 방법이나 기법 등만을 중시하거나 교육하는 등 조직 구성원의 신뢰와 존경의 구축을 등한시 하는 것은 진정한 리더십이 아니다. "오늘날 세계 각국은 선진 경제를 건설하기 위해 각기 다른 속도로 고군분투하고 있다" 고 미래학자인 앨빈 토플러는 말했다. 또한 "세계적인 거대 기업과 일부 산업의 존재 자체에도 위협이 올 것이다." 라고 예측한 바와 같이 이미 이와 같은 일은 세계 곳곳에서 벌어지고 있다. 세계는 점진적인 변화를 시도하고 있고, 정치 · 경제 · 교육계에도 변혁의 필요성을 절감하고 있어, 개개인의 성장을 위한 변혁과 혁신을 요구하는 사회 속에서 우리는 감당하기 어려운 많은 스트레스를 경험하곤 한다.

최근 심리학이나 상담영역의 학문에서도 Well being(안녕) 시대 흐름에 맞추어, Freud의 정신분석학적인 상담 접근보다는 긍정심리학이나 현실적 혹은 단기해결중심의 상담을 더욱 선호하는 경향이 있는 것처럼, 현대인들은 긍정적 영향력을 주는 리더를 좋아 한다. 자신들의 헌신과 순종을 요구하는 리더들은 사양하고, 배려해 주고 섬겨주는 헌신적 리더를 원한다.

## 리더는 다스리며 명령하는 사람인가?

월터 라이트 박사는 그의 저서 "관계를 통한 리더십(Relational Leadership)"에서 리더는 다스리며 명령하는 사람이 아니라 따르는 추종자들의 변화와 성장을 위해 영향력을 주는 사람이라고 주장한다. 또한 리더는 자신을 따르는 다양한 성향의 사람들의 다양성을 이해하고 이들의 강점을 세워주고 약한 부분을 보완해 줄 수 있는 능력을 갖추고, 다양한 시각의 관계를 통해 공동체가 추구하는 공동의 비전과 사명을 제시하고 실천하는 자여야 한다고 하였다.

리더십이란 리더와 그를 따르는 추종자와의 사이에 생기는 관계라고 볼 수 있다. 그들은 비전과 책임을 공유하며 같은 목표를 향해 함께 달리는 자들이다. 그들의 조직에서 구성원 간에 영향력을 끼치고 가치를 더하고, 함께 성장하고, 그 조직의 문화를 형성하는데 중요한 공헌과 헌신을 하며 그 조직의 구성원들을 이끌고 사람들에게 변화와 혁신을 가져다주는 것이다. 무엇보다도 리더의 성품과 주변 사람들과의 관계형성은 리더십에서 매우 중요한 부분이다.

## 조직의 목적과 비전을 함께 공유한다

조직의 구성원들은 각자 한 사람 한 사람이 자신의 임무를 다하고 그 조직의 전체의 목적과 비전을 함께 공유하며, 공유한 조직의 목적과 비전을 자신의 것으로 공감하지 않는다면, 그 조직은 결코 그들이 기대하는 목표를 달성할 수 없을 것이다. 또한 팀워크(team work)은 그 조직의 비전과 목표를 달성할 수 있는 핵심적인 관계를 통한 리더십이기도 하다.

우리가 사는 이 세상은 계속 급변하고, 조직도 변하고 조직구성원의 문화와 삶의 목표도 변하고 사람들도 변한다. 따라서 리더는 목적과 비전을 공유함에 있어 시대적 변화의 흐름에 따르는 사람이어야 할 것이다.

## 리더십은 관계이다

리더십은 관계이다. 사람들의 다양한 타고난 기질적 성향과, 다양한 문화, 다양한 삶 속에서 형성된 다양한 행동과 가치관의 관계이다.

어떤 학자는 리더십은 사람과 사람 사이의 다양한 생각과 행동, 그리고 신념 또는 가치관에 영향을 미치고자 하는 관계라고 하였다.

폴허시(Paul Hersey)와 케네스 블랑샤드(Kenneth Veanchard)는 그들의 저서 "조직 행동 관리" (Management of organizational Behavior)에서 리더십은 "개인이나 단체의 행동에 영향을 미치고자 하는 모든 시도"라고 정의한다. 또한 제임스 맥그레고리 번즈(James MacGregory Buns)는 한 단계 더 나아가 변화를 가져오는 리더십은 리더와 따르는 자 모두의 비전과 가치관, 포부를 새로운 기대치 수준으로 향상시키는 관계라고 하였다.

리더가 조직과 구성원들을 자신의 명예나 바람직하지 않은 목표를 위해 억압하고 조직 공동체에 자신의 권력과 영향력을 행사하는 것은 진정한 리더십이라고 할 수 없을 것이다. 진정한 리더는 사람들을 세워주고 살리며 그 사람의 영혼까지 구원하는 길로 인도해 주는 것이며, 그 사람을 섬기며 사랑하는 것이다.

자신의 유익을 위해 협상하고 자신의 비전을 이루기 위해 조직을 이용하며, 사람들의 마음에 정신적으로 깊은 상처를 주고 조직이 망하는 길로 인도하는 사람은 리더로서 인정받을 수 없다.

이 세상에는 많은 리더들이 있다. 교육계, 정치계, 경제계, 종교계 등에 리더들이 자신만이 진정한 리더라고, 자신만이 국가와 사회를 살릴 수 있다 외치는 경우가 있다. 그러나 리더는 리더가 갖추어야 할 품성과 함께 시대가 요구하는 조직에 필요한 역할을 수행할 때 리더로서 성공할 수 있다. 무엇보다 다양한 조직 구성원들의 역량을 하나로 집약시키면서 목표를 달성해 내는 일이 중요하다. 리더가 어떤 주장을 하든 리더십은 결과가 증명해 주는 것이기 때문이다.

# TIP

## 리더의 사람을 움직이는 힘

- 절대 비난하거나 불평하지 말라.
- 진솔한 친밀감을 행하라.
- 진심의 칭찬과 인정, 그리고 감사를 표현하라.
- 열정과 성실로 일하라.
- 밝은 미소가 관계를 바꾼다.
- 상대 이름을 기억하라.
- 상대의 관심에 관심을 가져라.
- 상대의 입장에서 생각하라.
- 논쟁과 비난을 피하라.
- 상대방의 의견을 있는 그대로 존중해주는 귀와 잘못을 지적하지 마라.
- 온유한 말은 사람을 치유한다.
- 명령, 설교, 지시는 아이들도 좋아하지 않는다.

-카네기의 인간관계 中에서-

## 거짓리더와 신실한 리더

사람을 변화시키는 것은 지식이 아니라 사랑이다. 리더는 어떤 영향력을 어떻게 다른 이들에게 끼칠 수 있는가, 즉 세상과 사람들을 어떻게 변화시킬 수 있는가?

본 저자가 몸담고 있는 대학은 기독교 글로벌 리더를 양성하는 교육목표를 가진 기독교 대학이다. 백석대학의 교훈은 "진리가 곧 너희를 자유케 하리니" 라는 성경구절이다. 그리고 대표하는 이미지 메시지는 "사람을 변화시키는 것은 지식이 아니라 예수님의 사랑입니다." 이다. 저자는 백석대학의 교육 목표와 몸담고 있는 대학교의 이미지 메시지를 매우 좋아한다. 사람을 변화시키는 것은 결코 쉬운 일이 아니다. 훌륭한 교육은 사람의 생각과 삶을 보다 풍요롭게 하며, 세상을 보는 큰 눈을 갖게 하고, 보다 안락한 삶을 제공할지는 몰라도 진정으로 사람을 변화시키는 데는 한계가 있는 경우가 많다. 사람을 근본적으로 변화시키는 것은 성경에서 말씀하듯 하나님의 사랑이다.

## 기독교 관점에서의 리더의 세가지 유형

첫 번째 유형 : 자신의 삶을 자기의 생각과 자신의 지혜로 사는 사람, 그래서 자신이 삶의 주인공이며 보좌에 자기

가 앉아 있는 사람이다. 열심히 살며 선행을 하고 긍정적 모습을 많이 보이는 삶을 살고는 있으나 자신의 지혜로 사는 삶이다. 그러나 그 삶 깊은 곳을 보면 본질적으로는 이기적인 삶이라고 볼 수 있다. 그들은 하나님께 속한 것들을 이해할 수 없다. 이러한 사람의 삶은 비록 성공을 했다 할지라도 진정한 내면의 삶을 들여다보면 가치의 혼란과 부조화의 상태에 있음을 필자는 상담가로써 많은 내담자들의 삶 속에서 볼 수 있었다.

두 번째 유형 : 육체적인 그리스도인이다. 이 말의 의미는 자신은 그리스도를 구주로 영접한 중생(예수 그리스도와 살아 있는 관계를 맺는 것)한 사람이라고 생각하는 사람이다. 그러나 삶의 주인이 여전히 자신이며 삶의 보좌에 자기가 앉아 있는 사람을 말한다.(고전 3:1-3) 다시 말해서 자기중심의 신앙생활을 하는 교인들이다.

영적 유산에 대한 무지와 불신, 불순종, 적개심, 타인에 대한 사랑의 결핍, 빈약한 경건 생활, 율법주의, 불경한 삶, 죄책감, 비판주의, 염려, 시기, 낙심과 삶의 방향감각 상실과 같은 특징을 보인다. 우리 주변에 리더들 중 그리스도인이라고 주장하는 많은 사람들 중에는 조직을 위한 비전보다는 자신의 유익이나 비전을 내세우고 자신의 욕구를 채워가기 때문에 존경받지 못하고 비기독교인들로부터 비난과 눈총을 받는 경우를 본다.

세 번째 유형 : 진정한 기독교적 리더이면서 명목상 그

리스도 리더가 아닌 예수님의 본을 따르는 섬김의 리더, 헌신하는 리더이다. 그렇다면 진정한 기독교리더들은 누구인가? 필자는 기독교적 시각에서 이러한 리더십이 진정한 기독교적 리더십이라고 말하고 싶다.

## 기독교리더들은 어떤 리더인가

섬김의 리더, 헌신의 리더로서 자신의 유익보다 조직이나 기관, 더 나아가 지역과 국가, 세계를 품고 그리스도 안에서 성숙된 사람이다. 그리고 기독교적 용어로 성령 충만한 그리스도인이다. 성령으로 충만한 그리스도인은 그리스도를 구주와 주님으로 영접한 중생한 사람(엡 5:18, 갈5:22-23, 고전 2:15)이고, 그리스도 중심의 삶을 살면서 성령의 열매(화평, 평안을 맺는 사람이고), 경건한 삶과 증인된 삶을 살아가는 사람이며, 그리스도 안에서 성숙된 성품을 가진 리더로서 조직을 섬기고 사회와 조직 구성원들을 섬기고, 예수님과 같은 섬김의 리더십으로 사랑을 실천하는 리더라고 생각한다.

## 기독교적 리더십과 세상적 리더십

기독교적 리더십이란 성경적인 이해와 정체성을 가지고, 리더십의 근본적 출발점을 성경 말씀에 기초한 영적 리더십을 말한다. 영적지도력과 세상적 리더십의 지도력은 리더십의 목표와 성과의 열매가 다르다.

경영적 리더십에서는 기업 경영을 성공적으로 성장시키고 부를 창출하는 리더십 자체에 핵심을 기울인다. 그리고 리더가 리더로써의 인격과 성품까지 갖춘다면 매우 적격자로 인정된다. 그리고 세상적 리더십 능력 지수가 매우 높은 것으로 인식된다.

그러나 영적지도자 혹은 기도교적 시각에서의 리더십은 리더십의 모든 요소와 리더의 인격과 성품 그리고 내면의 출발점이 성경말씀에 기초를 한 것이어야 하고, 리더십의 성과인 열매가 하나님의 영광을 위한 것이어야 한다. 영적 리더십의 기초를 영적 지도력으로 볼 때 리더십의 비전과 목표가 세상적 리더십에서 추구하는 유익과 성장을 우선시하는 것이 아닌 섬김과 헌신의 리더십이어야 한다. 경영적 리더십이란 경영학 이론에서 말하듯 이익을 창출하고 기업을 성장시키는 리더십을 의미한다. 물론 경영적 리더십과 영적 리더십 간에 두 리더십의 차별성과 특성이 꼭 구분되어야 한다는 의미는 아니다. 기독교적 시각에서의 리더십은 영적 리더십으로 차별화되어야 한다는 의미이다.

경영학 이론을 통해 보는 리더십과 기독교적 리더십은 그 본질부터가 다르다고 볼 수 있으며 경영학적 관점의 리더십은 개인의 성장과 혁신을 통해 셀프리더십에서 시작하여 조직과 사회, 국가를 위한 성장의 리더십으로 가는 것이 목표라면. 기독교적 리더십은 섬기는 리더십으로서 세계 복음화에 비전을 두고 조직과 사회를 위해 영적 지도자의 사명을 감당하는 것이 기독교적 리더십이라고 볼 수 있다.

## 나와 리더십의 정체성

확실한 신념, 믿음, 자신감은 어디에서 오는가?
나는 누구인가? 내 삶을 올바르게 볼 수 있는 구심점은 무엇인가? 나는 왜 존재하는가? 나의 삶의 의미와 목적은 무엇인가?

필자는 개인적으로 기독교인으로서 하나님을 섬기고 하나님의 영광과 존귀를 위해 삶을 살려고 노력하고 있다. 그리고 아직은 너무나 많이 부족 하지만 성경적 삶을 살고 싶다. 이점에서 무한한 긍정적 힘과 열정을 품은 예수님을 닮아가는 성품을 기르고, 교수로써 한가정의 아내로, 엄마로, 하나님께 인정받는 자로, 가정과 사회에 긍정적 영향을 미치며 더 나아가 빛과 소금의 역할을 감당하는 자로써 살게 해 달라고 기도한다.

헨리 나우엔(Henri Nouwen)은 그의 리더십에 관련된 책에서 크리스천 리더들은 하나님의 사랑에 깊이 뿌리를 두고 자신이 누구인지를 깊이 깨닫고 발견하는 사람으로서 우리가 행하고자 하는 어떤 리더십도 영향력이 있으려면 말씀이 육신이 되어 오신 예수 그리스도와의 영원하고 친밀한 관계에 바탕을 두어야 한다고 주장한다.

크리스천 리더의 리더십을 행하고자 하는 사람들은 바로 이점에서 출발해야 한다. 필자 또한 교육과 나의 삶을 통해 대학과 대학원에서 제자들의 삶에 긍정적 영향을 끼쳐야 할 위치에 있는 사람이다.

주변의 모든 사람들을 변화 시킬 수 있는 힘의 근원은 나 스스로 겸허하고 감사한 마음으로 그리스도에게 초점을 맞추며 하나님과의 관계에 삶의 중심을 둘 때이다.

섬기는 자로서의 리더십은 사랑, 평강, 그리고 다양한 사람들의 다양성에 대한 이해와 수용, 그리고 주변을 화평케 사랑하고 섬기는 사랑의 관계이다. 기독교적 시각의 리더들은 관계 안에서 화해와 회복을 위해 조직의 구성원들을 세워주고 성장할 수 있는 환경을 만들어 주기 위해 책임을 갖고 일하는 자이다.

필자가 기독교적 시각에서 생각하는 리더십을 정리해보면 리더는 사람을 사랑하는 자요, 화평케 하는 자요, 나에게 위탁되어진 모든 것을 청지기 마음으로 잘 지키고 섬기며 하나님 중심의 관계에서의 리더십을 통해 주변에 좋은 영향을 미치고 좋은 성품으로 세상과 주변을 빛과 소금의 역할이 되어 변화시키는 것이다.

## 섬기는 리더십은 공동체를 향해야 한다.

리더십을 거시적으로 정의 한다면 영향을 끼치는 관계이라고 앞에서 말한바 있다.

세상에 거짓 리더들은 사람들에게 미래와 풍요를 약속하지만 그 약속을 지키지 못하거나 하려하지 않거나, 개인의 성장을 위해 조직이나 사회를 이끄는 것이라 할 수 있다. 그리고 사람들의 꿈과 비전과 공동의 성장 보다는 자기중심적인 관계를 형성하려하거나 유지하고자 한다. 섬기는 리더십은 조직 구성원들의 공동적 성장과 공동체의 발전을 꾀해야 한다.

## 진정한 리더는……

첫째, 내일을 향한 강력한 비전과 올바른 삶의 가치와 의미를 제시하고 공동체 내에서 사람들의 기대와 꿈을 공유하며 공통된 비전에 리더십의 핵심을 두는 리더이다.

둘째, 진정한 리더는 신뢰를 받는 리더이다. 신뢰는 사랑과 존경심에서 비롯된다. 사랑에 뿌리를 두지 않은 리더십은 열매를 얻을 수 없다. 왜냐하면 리더십은 훌륭한 인격과 성품에서 나오기 때문이다.

따르는 추종자들에게는 사람과 사람 사이의 신뢰와 존경심이 리더십에서 가장 중요하다. 리더에 대한 신뢰감이 없다면 그 리더를 따르지 않을 것이고, 따른다 해도 리더의 영향력이 그리 크지 않을 것이다. 이와 같이 리더십은 존경과 신뢰가 함께 따라야 하고, 사람들은 존경할 수 있는 성품과 인격을 가진 자의 비전과 영향을 기꺼이 받아들일 준비가 되어 있을 것이다. 왜냐하면 불신과 불안정한 인격을 갖춘 리더를 따르는 추종자는 없을 것이기 때문이다.

리더십은 리더 자신이 자신을 분명히 알고, 조직과 조직구성원, 그리고 주변 환경과 기대를 분명히 알아 신뢰를 바탕으로 서로 간에 존중을 하는데서 나온다. 그리고 안정의 관계 속에서 공동체의 공통된 사명에 어떠한 리더십으로 헌신하고 공헌하는 지를 실천으로 보여주는 리더이다. 또한 조직구성원들을 성장시킬 수 있고, 회복시킬 수 있으며 정체성과 존엄성, 그리고 신뢰와 안정감에 뿌리를 두는 리더이다.

셋째, 리더십은 능력이다.

조직에서 구성원 간에 다툼을 좋아하고 부정적 사고와 분열을 일삼는 자는 리더가 될 수 없다는 것은 모두가 아는 바이다. 리더십은 자신이 소유하고 있는 지식이나 기술, 잠재력, 문제해결 능력, 좋은 인간관계형성, 그리고 비전과 최선을 다하는 성품을 공동체를 위해 책임질 수 있는 힘이다.

# TIP

## 리더와 리더십의 정의

지위와 역할에 관계없이 다른 이들의 행동과 가치관과 태도에 영향을 주고 변화를 일으키는 모든 것이 리더십이며, 그렇게 행하는 사람은 누구나 리더이다.

( Walter C. Wright Jr)

# PART II 리더십 유형

**끊임없는 성장을 위한 셀프 리더십**

섬김 리더십

서비스 리더십

셀프 리더십

카리스마 리더십

피그말리온 리더십

# 끊임없는 성장을 위한 셀프리더십

조직이 갖는 이미지는 리더의 이미지와 정비례한다. 그러므로 리더 스스로가 지속적인 자기성장과 계발을 위해 노력하며 자신을 훈련하고 글로벌 마인드와 시각을 갖는 것은 필수조건이다. 즉 끊임없이 성장하고 혁신하는 자기계발의 노력 없이 리더가 될 수 없고 자기계발을 통한 셀프리더십(self leadership)의 단단한 기초가 없이는 타인의 리더가 될 수 없기 때문이다.

## 리더는 혼자 일하는 것이 아니다

리더는 혼자 일하는 것이 아니라, 조직 구성원과 공유된 비전과 목표를 갖고 조직의 구성원과 함께 일하는 사람이다. 한 조직의 성공과 실패가 리더에게 달려있고, 한국의 흥망성쇠(興亡盛衰) 또한 한 사람의 지도자의 리더십에 달려있다고 해도 틀린 말이 아닐 것이다. 윤리적 · 도덕적 타락, 조직 내 분열, 각 구성원들이 자기 역할에 사명감이 흐려지고 자기 개인의 중심적 이해관계로 일을 한다면 그 조직은 분열을 통해 무너지게 될 것이다.

인류가 안고 있는 여러 문제 중 천연자원이나 에너지의 고갈보다도 전 세계가 직면하고 있는 심각한 문제가 있다면 영웅적 리더의 부재, 시대를 살리고 사람을 살리는 리더십을 갖춘 지도자가 부족하다는 것이다.

국가와 사회 · 가정 그리고 조직 그 어느 곳에든 리더는 있다. 그러나 조직과 사회, 국가 등에 유익이 되는 순기능의 리더가 필요하다. 가정의 예를 든다면, 부모나 부부가 그 리더의 역할을 역기능적으로 수행할 때 그 가정은 붕괴되고 무너지기 때문이다. 사랑과 책임, 그리고 사명감을 가진 순 기능적 리더십의 리더가 필요하다.

## 자신을 먼저 코칭한다는 것은

유능한 지도자는 자신이 책임 맡고 있는 조직이나, 자신을 따르는 추종자들의 자기계발과 성장을 가능하게 한다. 다른 사람을 다스리는 공적 리더십(Public leadership), 혹은 사회적 리더십(Social leadership)보다 자기를 먼저 코칭하는 리더십(Self coaching leadership)이 우선이다. 리더는 먼저 자신을 코칭 하여야 한다. 이 말은 모두가 다 아는 수신제가치국평천하(修身齊家治國平天下)의 의미일 것이다. 리더는 자기가 맡고 있는 팀과 조직을 개혁하고 혁신하기 전에 먼저 자신을 혁신하고 성장시키고, 계발할 수 있어야 한다는 것이다.

## 커뮤니케이션 능력을 갖춘 리더가 성공한다

성공하려는 리더는 커뮤니케이션 능력이 절대적으로 필요하다. 그 이유는 자신의 생각과 핵심 메시지를 효과적인 커뮤니케이션을 통해서 명확하게 전할 수 있고, 적극적 경청의 기술을 훈련한 리더는 타인과 상호교류를 원만하게 가질 수 있기 때문이다.

하버드 대학의 한 연구 결과에 의하면 대인관계에서 커뮤니케이션 능력이 사회적으로나 대인관계에서 얼마나 중요한지를 말해 주고 있다. 즉 조직에서나 사회에서 소외를 받거나 적응하지 못하는 원인은 성실하지 못하거나 전공 지식 혹은 기술력이 부족해서가 아니라, 커뮤니케이션 능력이 부족하기 때문이라는 것이다(2008 : 박민수).

미국의 경제잡지 포춘(Fortune)은 미국 500대 기업 하이테크 계열 회사의 최고 기술경영자의 최고 자질에 대해 설명해 주고 있다. 최고경영자가 갖추어야 할 자질의 첫 번째가 통합된 성품의 총체적인 사람됨이고, 그 다음이 커뮤니케이션 능력이라고 했다. 삼성경제연구소의 최고경영자들을 상대로 분석한 "훌륭한 CEO의 자질"에 대한 자료에서도 포춘(Fortune)지와 같은 결과였는데 가장 중요한 리더의 덕목으로 '인간관계 능력'을 들었고 '커뮤니케이션 능력'을 의미한다고 하였다.

## 인간관계와 커뮤니케이션

필자는 대학에서 "인간관계 심리학" 과 대학원에서 '기질론과 관계치료' 등 상담관련 교과목을 강의하면서 인간관계에서 리더뿐만 아니라 부모-자녀관계, 부부관계, 교사-학생관계, 국민-정치 리더 관계 등의 모든 관계에서 커뮤니케이션의 중요성을 인식시켜왔다. 상담자에게 가장 중요한 것도 내담자와의 커뮤니케이션 능력에 달려있다고 해도 과언이 아니다. 우선 상대방에게 관심을 갖고 내면의 소리를 듣는 귀와 공감적 대화, 상대편 이야기를 명확히 듣고 핵심을 정리해서 피드백(Feed back)하며 자기개방을 하는 것이 중요하다. 그리고 자신의 감정을 효과적으로 전달하는 기술인 나-메시지(I-messege)와 내담자에게 그의 행동을 지각해서 객관화 시키는 기술인 상담에서의 직면하기 등, 대인관계에서 의미 있는 의사소통은 깊은 수준의 상대방 감정을 공감하며 나누는 것을 의미한다. 좋은 경청 기술은 상대방이 나누면서 표현한 감정과 그 사람, 자신도 깨닫지 못하는 무의식을 의식화 시켜주는 작업이다.

기초 상담 기술에서 가장 중요한 것은 적극적으로 경청하는 일이고 경청에서 제일 중요한 것은 공감해 주는 것이다. 충고는 상담에서 강력하게 피하여야 하는 것 중에 하나이다. 꼭 충고가 필요할 시에도 아주 조심스럽게 접근해야 하고 상대방의 말을 충분히 듣기도 전에 대답을 준비한 것처럼 충고

하는 것은 바람직하지 못하다. 이와 같이 리더의 커뮤니케션은 리더십에서 매우 중요하다. 그 중에서도 구성원들의 마음을 읽고 대화하는 것은 더욱 중요하다. 들어주기를 원할 때, 어떤 리더들의 경우에는 충고하기 시작하는데 이는 바람직한 일이 아니다. 리더는 때때로 구성원들을 위로하고, 경청하며, 돌보는 자질과 위기 속에 있는 사람들의 마음을 느끼고 지원할 줄 아는 능력이 필요하다.

리더는 공감적 경청을 통해 자기의 생각과 비전, 목표 등을 구성원들에게 효율적으로 전달할 수 있어야 한다. 커뮤니케이션이 원만하게 이루어지지 않으면 개인 또는 집단 간에 예기치 않은 오해가 쌓이고 결국 상호 신뢰할 수 없는 관계로 발전될 수 있으며 돌이킬 수 없는 피해를 받고 줄 수 있다. 결국 인간관계를 성공적으로 성장시킬 수 있는 사회적 기술(Social skill)과 커뮤니케이션 능력은 절대 훈련되어져야 하는 부분이다.

## 어떻게 들으시나요

내가 말할 땐 귀로만 듣지 마세요.
그러면 내말을 다 듣지 못할 테니까요.
나는 입으로만 말하지 않습니다.
눈으로 들어주세요.
나를 보고, 내게 집중해주세요.

나의 행동은 나의 백 마디 말보다 더 많은 말을 합니다.
눈으로 들어주세요.
나의 눈도 말을 하니까요.
나의 눈은 내 영혼의 입술입니다.
참된 "나"는 숨겨진 "나"
그 "나"를 당신이 알았으면 좋겠습니다.

입으로 들어주세요.
당신이 내 말을 듣고 있고 내게 관심이 있다는 사실을 내게 알려주세요.
무엇보다 마음으로 들어주세요,
저는 주로 마음으로 말하니까요.
"안녕하세요? 뭘 하고 있으세요?" 무심코 말하는 것같이 들려도
내 마음은 이렇게 소리칩니다. "내 기분이 어떤지 물어봐 주세요."
말하게 해 주세요. 전 말하고 싶습니다.
당신이 마음으로 듣지 못하면, 전 당신에게 말하는 것이 정말 두렵습니다.
그러나 마음으로 들어 준다면,
나는 말하고 당신은 들을 것이며,
무지개는 더 선명하게 보일 겁니다.

-작자 미상-

## 커뮤니케이션 능력과 기법

첫째 : 상대방의 입장에서 본다.

둘째 : 상황 설명이 필요한 경우와 간결하게 핵심요약 결론을 이야기해야 하는 상황인지를 구분해서 한다.

셋째 : 누구에게나 강점 및 장점이 있기 마련인데 칭찬, 인정, 지지, 격려를 잊지 않는다.

넷째 : 대화의 핵심에서 멀리 벗어나지 않는다.

다섯째 : 감정과 마음을 교류하는 내면적 대화와 사실적 표면관계의 대화를 적절히 활용한다.

## 리더의 효과적인 커뮤니케이션의 세 가지 원칙

첫째 : 신뢰받는 리더 : (판단, 비판 없이 있는 모습 그대로를 이해하고 수용하는 자세)

둘째 : 적극적 경청 : (상대방의 의도를 정확히 이해하도록 노력하는 것인데 '좀 더 구체적으로 이야기해 주시겠습니까' 등의 질문도 필요시엔 할 수 있다.)

셋째 : 명료화 : (상대방이 전하고자 하는 의도를 잘 파악하여 말로 표현해 주는데 '당신의 말씀은 ….', "당신이 느끼기에는 …." 등이다.)

## 리더의 경청은 유능한 상담자처럼 한다

상담자와 같은 리더는 다음과 같은 사람이다.

- 사람들의 지위, 성별, 인종에 상관없이 모든 사람들에게 열린 자세의 적극적 경청을 한다.
- 말하기보다는 듣는 편이다.
- 말할 수 있도록 격려하고 공감적 대화를 한다.
- 상대방의 말을 경청할 때 귀와 눈과 마음과 몸 전체로 듣는다.
- 미소, 머리 끄덕임, 몸짓 등 온 몸으로 경청한다.
- 들은 말을 재확인하고 상대방의 표현을 주시하면서 말한 내용 이면의 의미를 찾는다.
- 상대방에 대해 의견을 갖기 전에 그 사람의 설명을 충분히 듣는다.
- 동의하지 않는다 할지라도 기꺼이 상대방의 감정을 파악하고 공감한다.
- 사소한 것이라도 상대방에게는 중대한 것이 될 수도 있다는 것을 인정한다.
- 성급한 충고를 주지 않는다.

리더는 상담자 의미로 생각해 본다면 구성원 및 추종자의 지원자, 격려자, 촉진자, 유연성 있는 사람, 잘 경청하는 사람, 그리고 모든 것을 아는 사람이 아닌 사람이다.(Christian counselling & Family Therapy, 인용)

20세기 중반경에, 미국의 심리학자이자 심리치료가이며 내담자 중심의 경험주의적 비 지시적 상담치료의 창시자인 칼 로저스(Carl Rogers)는 조력관계의 특징에 대한 연구에서 조력관계의 세 가지 두드러진 특징은 공감적 이해(empathetic understanding), 무조건적인 긍정적 관심(unconditional positive regard), 진실성(genuiness : 일치성)이라고 하였다. 리더의 리더십에서 중요시 여기는 커뮤니케이션 스킬(comunication skill)은 유능한 상담자처럼 사람을 건강하게 변화시키는데 있어서 매우 중요하다. 특히 경청하는 자세는 겉과 속이 일치하는 수용과 이해 그리고 따스함과 무조건적인 긍정적 관심 등 위협하지 않는 신뢰와 안전감을 주는 분위기 속에서 공감적 대화를 하는 자세이며 의사소통을 진실하게 만드는데 매우 중요하다.

상담가인 로버트 카커프(Robert Carkhuff)는 상담에서 경청기술, 주의집중, 존중, 공감에서 시작하는 진실성, 자기노출, 구체성 그리고 직면 등이 중요하다고 지적한다. 이 중에서도 공감은 이 모든 것 중에서 가장 중요한 것이라고 하였고, 유능한 리더의 리더십에서도 관계의 질 향상을 위해 적절하게 사용되기를 적극 추천한다.

TIP

## 리더의 의사소통기술

- 비판을 받지 아니하려거든 비판하지 말라, 무엇이든지 남에게 대접받고자하는 데로 너희도 남을 대접하라(마 7;11-12)
- 사람들의 행동을 변화시키는 것은 사랑과 은혜다.(롬 2;4)
- 경청은 전 인격으로 의사소통하는 것이다.
- 적극적 경청이란 공감적 대화이다.
- 무비판적인 수용(Non-judgmental acceptance)은 신뢰감을 만든다.
- 무조건적인 사랑(unconditional love)은 긍정적 관심을 의미한다.

# 섬김 리더십 (Servant Leadership)

- 섬김의 기본원리는 예수 그리스도의 사랑에서 시작한다.
- 인류 역사상 최고의 리더는 예수님의 섬김의 리더십이다.
- 진정한 리더는 겸손과 섬김을 알고 행하는 자이다.

## 섬김의 기본원리는 예수 그리스도의 사랑에서 시작

기독교 관점에서 리더십의 핵심은 섬김이다. 그리고 섬김의 컨텐츠는 하나님의 말씀 컨텐츠이다. 죄인을 살리는 예수 그리스도의 복음은 인간을 새로운 피조물로 태어나게 하며, 날마다 성령 안에서 새롭게 하며 성장시키는 하나님의 능력; 살었고 운동력 있는 하나님의 말씀은 사람들에게 하나님의 생명을 주어 그 안에서 자라나게 할 수 있기 때문에 무엇보다도 그리스도인 리더는 자신이 먼저 섬김의 컨텐츠인 말씀으로 변화하였고, 그리고 끊임없이 변화해 가는 자이어야 한다. 리더십은 지혜롭고 진실한 청지기 역할이다. 청지기 역할이란 리더로써 권력을 남용하거나 공적인 일을 사적인 일로 처리하거나 객관적이어야 할 문제해결에 주관적인 문제해결을 하는 것이 아니라 팀과 조직을 위해 리더가 청지기 리더십을 발휘하는 것이다. 그리고 "예수님의 사랑을 느껴본 자만이 다른 사람을 섬기며 사랑할 수 있다."는 말처럼 섬김 리더십은 다른 사람에게 봉사 · 헌신 하려는 강렬한 열정이다.

이러한 섬김의 리더십은 누구나 반드시 숙지해야 할 사항이며 크리스천 리더라면 리더로써 훈련하는 과정에서 매우 중요하게 훈련되고 교육내용으로 포함되어야 한다.

섬김의 정신이란 사랑과 겸손으로 그리스도 중심의 삶을 실천하는 삶이다. 다른 사람을 섬긴다는 것은 사랑과 겸손에서 나온다. 기독교인의 삶의 과정에서는 고난과 역경도 자신을 보다 더 이해하고 깨닫게 되는 성숙과 감사의 통로로 인식되고 있다. 겸손은 어떠한 환경과 상황에서도 감사하는 마음을 가질 때 일어날 수 있는 마음이며, 겸손한 마음이 없다면, 다른 사람을 섬긴 다는 것이 어떠한 마음과 행동인지 이해할 수 없을 것이다.

**성경 말씀에**

**"누구든지 자기를 높이는 자는 낮아지고 누구든지 자기를 낮추는 자는 높아지리라" (마 23:12)**

**아무 일에도 다툼이나 허영으로 하지 말고 오직 겸손한 마음으로 각각 자기보다 남을 낫게 여기고, 각각 자기 일을 돌아볼뿐더러 또한 각각 다른 사람들의 일을 돌아보아 나의 기쁨을 충만케 하라. 너희한테 이 마음을 품으라. 곧 그리스도 예수의 마음이니. (빌 2: 3-5)**

**그러므로 너희는 하나님의 택하신 거룩하고 사랑하신 자처럼 긍휼과 자비의 겸손과 온유와 오래 참음을 옷 입고 (골 3:12)**

**모든 겸손과 온유로 하고 오래 참음으로 사랑 가운데서 서로 용납하고 (엡 4:2)**

**다 서로 겸손으로 허리를 동이라. 하나님이 교만한 자를 대적하시되 겸손한 자들에게는 은혜를 주시느니라. 그러므로 하나님의 능하신 손 아래서 겸손 하라. 때가 되면 너희를 높이시리라. (벧전 5:5-6)**

이 밖에도 겸손을 가르치는 성경 구절은 많다. 세상적으로도 교만은 성공의 적이다. 사람들은 겸손하고 남을 배려하고 섬기는 리더를 좋아하고 따른다. 리더가 교만하다면 이미 리더가 될 수 없다. 그리고 최대의 악은 교만이라 하였고, 순결하지 못한 삶, 분노, 원망, 술 취함 등은 교만과 비교하면 사소한 죄악에 불과하다고 했다. (2007:시앙, 양탄, 조계광)

그리고 교만에서 모든 악덕이 파생한다. 다시 말해 교만한 리더는 "자신의 영광을 추구하고, 모든 것을 자신의 지배 아래 두기를 원하는 마음상태" 로 정의 하였다.

또한 와그너와 페르난도(Wagner, Robert Ferdinand)도 교만을 "행동이나 태도, 또는 자신의 위엄과 중요성과 공로와 우월성을 지나치게 높이 평가하는 정신상태"로 정의했다.

교만의 특성을 살펴보면 오만, 헛된 자부심, 자만, 자기중심주의, 허영, 자기 숭배 등이다. (2007:시앙, 양탄, 조계광) 이렇듯 교만은 모든 악의 근원이라 하였고 리더의 덕목은 겸손일 것이다.

## 진정한 리더는 겸손과 섬김을 알고 행하는 자이다.

서번트 리더십은 그동안 경영학계에서 주목을 받지 못하다가 1996년 4월 미국의 경영관련 서적 전문출판사인 Jossey-Bass사가 『On Becoming a Servant-Leader』를 출간한 것을 계기로 많은 경영학자들이 새롭게 관심을 갖게 되었다. 그린리프에 따르면 서번트 리더십은 '타인을 위한 봉사에 초점을 두며, 고객 · 종업원과 커뮤니티를 우선으로 하고 그들의 욕구를 만족시키기 위해 헌신하는 리더십' 으로 정의하고 있다.

리더십은 공동의 이익을 위해 설정된 목표를 향해 매진할 수 있도록 사람들에게 영향력을 발휘하는 기술로 정의하고 서번트 리더십에서 사랑을 초석으로 사랑과 관련하여 8가지 구성요소를 지적하고 있다. 인내(자기 통제력의 발휘) · 친절(관심, 인정, 격려의 뜻을 표현하는 것) · 겸손(진실하고 가식이 없으며 거만하거나 뽐내지 않는 것) · 존중(타인을 소중한 존재로 대하는 것) · 이타주의(타인의 욕구를 충족시키는 것) · 용서(잘못을 하더라도 책망하지 않는 것) · 정직(속이지 않는 것) · 헌신(자신의 선택에 전념하는 것)을 꼽고 있다. 그리고 결국 서번트 리더십의 본질은 '사랑'이라고 말한다. 여기서 사랑은 타인을 향한 감정뿐만 아니라 타인을 향한 이해와 수용 그리고 실천하는 행동을 말한다.

다음은 전 세계인에게 섬김의 리더십으로 감동의 물결과 모범을 보여준 대표적인 시대적 서번트 리더 "마더 테레사"의 이야기다.

# 마더 테레사(MOTHER TERESA)

**빈민들의 성녀(聖女)**

리더십 키워드

섬김의 기본 원리는 예수 그리스도의 사랑에서 시작된다. 섬김의 정신이란 사랑과 겸손으로 그리스도 중심의 삶을 실천하며, 사람들을 염려와 봉사로 보살피고 섬기는 태도를 뜻한다.

## 삶은 무엇인가?

Life is an opportunity, benefit from it.
삶은 기회입니다, 이 기회를 통하여 은혜를 받으십시오.
Life is a beauty, admire it.
삶은 아름다움입니다, 이 아름다움을 찬미하십시오.
Life is bless, taste it.
삶은 기쁨입니다, 이 기쁨을 맛보십시오.
Life is a dream, realize it.
삶은 꿈입니다, 이 꿈을 실현하십시오.
Life is a challenge, meet it.
삶은 도전입니다, 이 도전에 대응하십시오.
Life is a duty, complete it.
삶은 의무입니다, 이 의무를 완수하십시오.
Life is a game, play it.
삶은 놀이입니다, 이 놀이에 함께 하십시오.
Life is costly, care for it.
삶은 값어치가 있습니다, 그러니 소중히 대하십시오.

- 마더 데레사 -

## 마더 테레사는 누구인가?

마더 테레사는 캘커타의 빈민굴에 버려진 사람들에게 가장 존경받는 수녀로 1910년 유럽 남동부에서 태어났다. 그리고 그녀의 사업인 아네스 곤히아 브약스히야(Agnes Gonxha Bojaxhiu)는 시간이 지나면서 전 세계적으로 알려지게 되고 가장 존경받는 여성의 한 사람이 된다. 노벨 평화상과 종교의 발전을 위한 템플턴상을 포함해 많은 상을 수상한 그녀는 교황과 대통령, 귀족들과의 개인 친분을 쌓는다. 그녀는 자신을 필요로 하는 곳에서 비천한 일을 하는데 결코 주저한 적이 없으며 늘 겸손하였다. 오늘날 사랑의 선교회가 설립한 107군데 수도원에 국제적으로 4천 명의 수녀와 수사들이 있다. 그녀가 우리에게 남겨준 리더십은 필자와 모든 리더들이 본받아야할 진정한 섬김의 리더십으로서 낮은 자세로 임하는 테레사 리더십은 많은 리더들이 겸허한 마음으로 본받아야 할 부분이다.

TIP

## 섬기는 리더십의 다섯 가지 조건

- 다른 사람을 온전히 사랑으로 섬기고 긍정적 영향을 줄 수 있어야 한다.
- 조직의 공동의 비전을 제시하고, 그것을 통해 소망을 품도록 이끌어야 한다.
- 성숙한 인격을 통해 사람들로부터 신뢰 받도록 자기 계발과 성장에 힘쓴다.
- 다양한 관계를 통해 사람들의 변화와 성장을 위해 다양성을 수용하고, 그들을 세워준다.
- 따르는 자들(공동체)을 이해 · 수용 · 사랑으로 대하고 따르는 이들과 맺고 있는 모든 관계에 끝까지 책임을 다해야 한다.

# 서비스 리더십 (Service Leadership)

- 리더십은 서비스다
- 변형적인 리더인가?
- 기업에서 리더십의 본질적인 요소
- 포스트 영웅형 리더십
- 오늘날의 리더와 권력

우리는 역사에 등장했던 많은 인물들 속에서 그리고 현대 산업사회의 형성 이후 제기된 리더와 리더십에 대한 무수한 정의와 이론들 속에서 자신이 속한 조직과 사회에서 각자의 위치에 어울리는 리더의 모습을 갖추기 위한 노력을 기울이고 있다. 리더십은 비단 조직 내에서 지휘부를 형성하고 있는 사람들에게 뿐만 아니라 자기 자신을 관리하고 내외부의 고객들과 관계를 끊임없이 유지, 발전시켜야 하는 조직의 일반 직원들에게도 중요한 것이다.

## 리더십은 서비스다.

리더십은 결국 서비스다. 대상이 누구이건 간에 조직 구성원이나 고객 · 소비자 · 학생 등 모든 대상에게 적용되는 말이다. 이렇듯 조직에 속한 모든 사람들에게 필요한 리더십은 무엇이며 특히 서비스 산업에서 필요한 리더의 像(상)은 어떤 것일까? 우리는 지금 고객의 기대와 요구에 적절히 부응하는 고객 서비스시대에 살고 있다. 또한 국민은 시대적 영웅의 리더를 기대하고 고객은 만족을 넘어 감동의 서비스를 기대하고 있다. 대체로 훌륭한 리더들에게서 공통적으로 찾아볼 수 있는 특징은 첫째 결과보다 과정에 도전하며, 둘째 비전을 공유하고 목표를 명확히 하고, 셋째 다른 사람에게 긍정적 영향을 미치어 행동하게 만들며, 넷째 모범과 실행을 통하여 지도원칙을 확고히 하고, 마지막으로 구성원들에게 용기를 불어 넣는 것이다. 그러나 서비스 산업에 근무하는 사람들에게서 우리는 종종 서비스 정신이 소멸되었거나 손상된 모습을 볼 수 있는데 이는 시간에 쫓기면서 고객을 만족시켜야 하는 책임감 때문에 스트레스와 압박을 받고 있기 때문이기도 하다. 그리고 반복되는 단순한 업무 속에서 지루함을 느끼고 스스로 태만해지기 때문이기도 하다. 이러한 현상이 지속되고 만성화되면 직원들은 고객을 소홀히 대하고 무언가 회사에 보탬이 되어야겠다는 생각보다는 빈자리를 채우면서 시간을 때우자는 게으른 봉급쟁이가 되고 만다. 이렇게 쇠약해진 서비스 정신과 열정을 살아나게 하고 조직의 목표를 향해 구성원을 움직이는 것이 바로 리더의 역할이고 리더십의 힘이다. 서비스 리더십의 핵심은 정신적인 것이며 서비스산업에 있어서 리더의 역할 중 가장 중요한 것은 양질의 서비스를 통해 고객을 만족시키는 일이다. 그리고 내부고객인 조직 내의 구성원들을 어떻게 관리하고 만족시키느냐 하는 것이다. 구성원을 만족시키는 것이 바로 서비스의 출발점이 되는데 그 이유는 자신이 속한 조직과 업무에 만족한 직원들에게서만 높은 품질의 서비스를 기대할 수 있고 이는 고객만족으로 이어져 궁극적으로 회사와 기관 및 조직 등의 발전에 기여하기 때문이다.

## 기업에서 리더십의 본질적인 요소

고객 서비스에 심혈을 기울이고 성공을 거둔 기업은 지속적인 발전을 거듭하고 있을 뿐 아니라 수많은 기업들에게 생생한 교훈을 주고 있다. 그 중 가장 중요한 교훈은 고객지향, 비전 제안형 리더십의 기본에 관심을 쏟는 것이다.

게리 윌스는 리더십을 다룬 그의 저서 "리더의 사명" 에서 다음과 같이 서술하고 있다.

> "리더란 리더와 추종자 사이에 공유된 목표를 향해 다른 사람을 움직이는 사람을 말한다."

리더십을 유지하기 위해서는 리더와 추종자 그리고 공유된 목표 세 가지가 동시에 필요하다.

- 공유된 목표, 통찰력 있는 리더와 리더의 비전을 공유한 열심히 일하는 추종자들이 리더십유지의 핵심이다.
- 리더는 공유된 목표를 향해 다른 사람들을 일하게 만든다.
- 목표는 모두가 지지하고 도전할 만한 가치를 지니고 있어야 한다.
- 추종자는 자신의 잠재적 역량까지 살려 대응한다.
- 목표는 모두가 지지하고 도전할 만한 가치를 지니고 있어야 한다.

게리 윌슨은 리더십을 세 개의 의자다리에 비유하고 있다, 만약 이 가운데 하나라도 결여된다면 리더십은 결코 성립될 수 없다. 즉 리더와 추종자 그리고 공유된 목표 세 가지가 균형을 이루어야 한다. 그렇지 않으면 독재와 무질서만 있을 뿐이다. 그 어느 쪽이든 리더십은 세 개의 다리가 균형을 유지 해야만 비로소 성립된다.

## 실천하는 포스트 영웅형 리더십

포스트 영웅형 리더십이란 다른 사람에게 봉사하려는 강렬한 열정뿐만 아니라 그것을 실천하는 리더십이다. 또한 수많은 리더 지향 자를 실망시키는 요소도 가지고 있다. 포스트 영웅형 리더십은 전설적 서비스를 실현하기 위해 절대로 구두 약속은 하지 않는다. 실천보다 구두약속을 할 경우 서비스 리더십을 확립할 때까지의 노정은 꼬이게 되고 앞이 보이지 않는 어두운 길이 되기 때문이다. 미국의 포춘(Fortune)지에서 '포스트 영웅형 리더십'이라는 특집을 쓰면서 "오늘날 미국 경영자의 95%가 옳은 말을 하고, 5%만이 옳은 일을 실행으로 옮긴다"라는 놀라운 통계를 내놓았다. 불과 5%밖에 실행하지 않는 '옳은 일'이란 무엇인가? 그 옳은 일이 무엇이든 옳은 말보다 옳은 일을 실행해야 한다는 중요성만은 기하급수적으로 증가해 왔다. 일반적으로 뛰어난 리더의 식견을 종합하면 리더의 직무는 두 가지로 요약할 수 있다.

- 기업이 성취하고자 하는 것을 구상하고 표현한다.
- 직원들이 책임을 분담할 수 있고 그들의 목표 달성을 위한 환경을 조성해 준다.

대부분의 리더들은 조직에서 한 사람의 리더만이 영웅이 되는 것은 절대로 피해야 한다고 말한다.

"포스트 영웅형 리더십은 항상 최고의 리더를 구별지어온 지성, 의욕, 에너지, 신념, 성실 등을 필요로 하는 리더십이다."

그러나 포스트 영웅형 리더십이 다른 유형의 리더십과 결정적으로 차이가 있는 점은 서비스가 리더의 핵심적 덕목이 된다는 것이며 리더뿐 아니라 조직에 속한 구성원 모두가 리더가 되는 것이다.

## 오늘날의 리더와 서비스

조직 내의 구성원들이 리더십의 질을 평가한다고 하면 리더는 작업 달성을 위한 권력을 어디에서 끌어내려고 할까?

효과적인 리더십을 발휘하는 리더는 자신의 권력에는 관심을 갖지 않는다. 건전한 기업의 리더는 직위나 특권, 사무실, 등급 결정권의 범위 등 일반적으로 누가 더 훌륭하다는 대외적인 지위를 나타내는 상징이나 표시에 크게 치중하지 않는다. 다만 무엇이 임무에 결정적인 역할을 하는가를 중시한다. 즉 사람의 진정한 능력을 파악하고 그 능력을 활용해 최고의 성과를 얻을 수 있도록 하는 것이다. 이때 가장 중요시 되는 것은 리더의 성품과 인격이지 지위가 아니다. 그리고 리더의 힘은 구성원간의 나눔으로 인해서 시너지를 통해 성장하는 것이다. 권한의 기반은 넓고 안정되어 있으며 사명과도 깊은 관계가 있다.

## 최고 경영진의 덕목

최고 경영자인 리더는 깊은 애정을 가지고 자상하면서도

강하게 부하를 육성하며 편애하지 않고 리드한다.

- 부하가 이룩한 성과를 높게 평가하며 자신의 공로로 가로 채지 않는다.
- 다양한 사람의 다양한 문제를 보는 시각이나 문제해결방식이 다르듯 업무처리 방식, 철학도 다르므로 지위를 빌어 자신의 생각이나 업무 스타일을 강요하지 않는다.
- 조직 구성원의 성장이 곧 자신의 성장이라고 생각한다.
- 조직구성원들의 장점을 살려주고 단점을 보완하여 준다.
- 부하에게 항상 열정과 자신감을 보임으로써 희망과 용기를 심어준다.
- 칭찬하여 줄 것은 칭찬하여 사기를 진작 시킨다.
- 지시와 협의를 조화롭게 운영한다.
- 말로만이 아닌 언행이 일치되는 솔선수범을 보여준다. 가끔은 개인적인 자리를 마련하여 격의 없는 대화를 나눈다.
- 자신의 잘못을 결코 구성원들에게 돌리지 않는다.
- 구성원이 실수나 잘못을 했다 하더라도 그 1차적인 원인은 리더 자신이 지도를 잘못했음을 명심 한다.
- 부하의 잘못을 꼭 지적하고 야단을 칠 경우, 부하의 부하가 보이지 않는 곳에서 하는 것이 좋다.
- 부하에게 관한 이야기를 상사에게 할 때는 항상 긍정적으로 이야기 한다.

## 삼성에버랜드의 서비스 리더십

삼성의 에버랜드 서비스 리더십 수준은 높은 평가를 받을 만하다. 모든 에버랜드 직원들의 고객을 위한 서비스 정신과 밝은 표정 그리고 카리스마, 고객만족 경영 5연패 달성과 명예의 전당 헌정, 세계 6대 테마파크 선정 등은 에버랜드 서비스 리더십의 결과이다.(디즈니 계열 제외 1위)

년 입장객 900만 명 돌파와 같은 성공은 바로 탁월한 리더의 서비스 리더십의 결과를 반영하는 것이라 할 수 있다. 에버랜드의 성공은 우수한 서비스 리더십에 따른 고객 만족경영의 결과이다.

이러한 에버랜드의 리더십을 '서비스 리더십' 이라 한다. 서비스 기업의 목표는 고객 만족을 넘어서 고객 감동이다. 고객 만족을 구체적으로 창출해 내는 사람은 바로 내부 고객이다. 내부 고객을 만족시키는 사람은 바로 리더이다. 리더의 리더십에 만족한 내부 고객은 최고의 서비스를 통해 외부 고객을 만족시킬 수 있다.

# 셀프 리더십(Self Leadership)

## 셀프 리더십은 리더십의 시작이다

셀프 리더십은 진정한 자기 관리이다. 자기관리는 삶의 목적과 비전을 향해 절대 포기 하지 않고 자신을 성장시켜 나가는 길이기도 하다. 성장이라는 것은 지금 바로 현재의 '나'에서 벗어나 보다 긍정적이고 나은 삶을 향해가는 것이다. 그 삶을 향해 가는데 우리가 관리하고 성장시켜야 할 것들은 우선 나의 인생에 대한 뚜렷한 비전 세우기, 철저한 시간관리, 끊임없는 배움을 통한 평생학습, 바람직한 인간관계, 그리고 나의 역할(아내 · 남편 · 자녀 · 학생 · 조직원 등)을 잘 감당하고 주변에 많은 사람들에게 바람직한 모델이 되어 긍정적 영향력을 끼치는 것이다.

## 인생의 성패는 자신에게 달려 있다

한 전문취업사이트의 조사에 따르면, 직장인의 60% 이상이 하루 1~2시간을 자기계발에 투자하고 있으면서도 현재 '내가 고쳐야 할 가장 큰 문제'로는 35%가 '미래에 대한 준비 부족'을 꼽았다고 한다. 이러한 결과만 보더라도 직장인들 사이에 팽배한 불확실한 미래에 대한 심리적 불안감을 짐작할 수 있다. 자기계발 관련 서적들이 끊임없이 베스트셀러 대열에 끼고 있는 현상도 이러한 사실을 대변해주고 있다.

어떤 누구에게도 확실한 미래가 보장되어 있지 않다. 우리는 1분 뒤의 삶을 보장할 수 없다. 현재 직장인들의 불안감은 시대의 낯선 변화에 대한 민감한 반응인 것이다. '철저한 자기관리 없이는 미래도 없다'는 위기의식이 사회 전반에 퍼져 있지만 직장인들은 고작 '막연한 언어공부'나 '체력관리', '자기계발 도서 참조' 등으로 시간을 낭비하고 있다. 보다 냉정하게 시대의 변화와 시대적 흐름에 함께 해야 한다. 직관력과 통찰력을 가지고, 글로벌 시대의 내면을 직시해야 한다. '남들도 다 하기에 나도 한다'는 식의 자기계발로는 그 누구도 내면을 정확히 직시하기 어렵다.

미래는 우리 자신이 개척해야 할 미지의 땅이다. 그리고 자신이 정복한 그 땅에 자신의 깃발을 당당히 내리 꽂아야 한다. 이 모든 것이 누가 아닌 바로 자신에게 달려 있다는 현실인식이 무엇보다 중요하다. 미래란 누구에게나 불투명하기 마련이다. 우리에게 문제될 것은 불투명한 미래가 아니다. 우리 인생의 목표를 설정하고, 목표를 향해 절대 포기하지 않고 돌진할 수 있도록 자신을 통제 하고 관리할 수 있는 강력한 자기 관리 훈련과 힘을 기르는 것이다.

## 당신이 리드해야 할 대상은 바로 자신

당신이 리드해야 할 대상은 바로 자신이고 우리 삶의 주인공은 바로 자신이듯이 당신의 리더는 오로지 자신뿐이다. 코이라는 일본 잉어가 있다. 그 물고기는 작은 수족관에 넣어두면 2~3인치 정도 밖에 자라지 않지만, 조금 더 큰 수족관이나 연못에 넣어 두면 6~10인치까지 자라고, 커다란 강 속에 두면 36~48인치까지도 성장한다고 한다.

스스로를 작은 세계에 가두어 버림으로써 우리들 스스로 자신의 성장과 발전을 가로막고 있지는 않는가? 계란을 스스로 깨고 나오면 생명을 가진 병아리가 되지만, 남이 깨주면 일회용 계란 프라이 밖에는 되지 못하는 법이다. 우리의 잠재된 능력을 누가 끌어내 주기만을 바라서는 안 된다. 자신의 한계를 극복하고, 자신의 잠재력을 깨워 능력을 신장시킬 수 있는 이는 바로 우리 자신이다. 우리의 진정한 리더는 다름 아닌 우리 자신뿐이며, 자신에 대한 탁월한 리더만이 인생의 주인이 될 수 있는 것이다.

## 자발성을 길러주는 셀프 리더십

또한 리더십이란 사람들이 집단의 목표를 달성하기 위해

자발적이고 열성적으로 노력하도록 구성원들에게 영향을 행사하는 과정이나 기술을 말한다. 다양한 형태의 리더십에 대한 학문적인 연구들이 진행되어온 가운데, 지금 현대에 가장 각광받고 있는 이상적인 리더십은 무엇보다 자발성을 강조하는 리더십이다. 즉 구성원들이 열정과 신뢰를 가지고 일할 수 있도록 자발성을 길러 주는 리더십이 고전적인 형태의 강력하고 권위적인 리더십을 대체하고 있는 것이다. 억압과 통제의 관행에서 벗어나 보다 자율적인 분위기에서 조직의 목표달성에 자발적으로 참여하도록 유도하는 리더십의 시대가 도래한 것이다. 그리고 부하직원이나 동료가 자신의 잠재력을 최대한 발휘할 수 있도록 도와주는 사람이 바로 셀프 리더 또는 코칭리더이다. 셀프 리더는 자신 스스로 집단의 모범이 됨으로써 집단의 가치를 실현하고 코칭리더는 개개인을 각각 리더가 될 수 있도록 코칭 하는 자이다.

이는 구성원의 자발성을 유도하는 핵심적인 힘이 된다. 셀프 리더십은 자기 자신에게 리더십을 행사하는 것으로써, 셀프 리더십을 추구하는 과정은 궁극적으로 힘들지만 아름다운 자기 극복의 시간이다. 우리 모두는 자기 인생의 실패를 누구인가의 탓으로 돌리는 버릇이 있다. 그러나 셀프 리더십을 가진 사람은 이러한 우를 범하지 않는다. 자기가 어떻게 생각하며, 어떤 리더십을 가지느냐에 따라 우리의 인생이 청신호 혹은 적신호가 될 수 있다는 인식이야말로 셀프 리더십의 출발이다. 지금 이 시대는 바로 자기 인생을 스스로 책임질 수 있는 셀프 리더들에 의해 움직이고 있다. 그들은 스스로를 리드함으로써 세상과 대면할 수 있는 힘과 지혜를 기르는 자들이다.

### 자신을 리드할 수 없다면 타인을 리드할 수 없다

세계를 움직이는 소수의 사람들이 있다. 그들이 자기 자신에 대한 탁월한 셀프 리더임은 의심할 여지가 없다. 자기 자신을 리드할 수 없다면 자신이 소속한 조직과 집단을 리드할 수 없다. 세상은 타인이 아닌 바로 자신에게 철저했던 셀프 리더에 의해 움직여지는 것이다.

오늘 당신의 모습을 보라. 아주 사소한 자신과의 약속조차 어기기 일쑤인 범인(凡人)들에게서 세상을 움직이고 긍정적 영향을 끼칠 수 있는 흔들리지 않는 힘을 기대할 수는 없다. 지금 리더에게 필요한 것은 리더 자신의 내면과 우호적인 그러나 냉정한 팀워크를 다지며 공동의 인생 목표를 세우는 것이다.

## 월드컵 신화의 히딩크 리더십

리더십은 먼저 자신의 능력을 계발하고 자아관리에 철저하여, 다양한 사람들을 이해할 수 있는 지도력이다. 그렇기 때문에 리더는 상하 · 수평의 관계 리더십을 훈련해야 한다. 그러나 가장 중요한 것은 셀프리더십일 것이다. 왜냐하면, 가장 힘들게 싸워 이겨야 할 대상이 자신이기 때문이다.

2002년 대한민국이 이룩한 월드컵신화로 우리는 감동과 승리의 기쁨으로 적셨던 것을 기억하고 있다. 그 승리의 기쁨을 이끈 히딩크 감독도 기억하고 있다. 히딩크 감독은 팀의 모든 구성원들을 스타로 만든 리더이다. 그의 리더십은 팀 구성원들의 타고난 기질적 성향과 자질 그리고 능력을 파악하고 각 선수들의 강점과 약점을 정확하게 분석하여 적재적소에 적절한 선수를 배치하고 그들의 강점을 최고로 발휘할 수 있도록 리더십을 발휘했던 리더이다. 만약 히딩크가 팀 구성원들의 숨은 잠재력과 자질·능력들을 정확하게 분석하지 못하였더라면 그 팀을 리드할 수 있는 리더십은 발휘할 수 없었을 것이다. 히딩크의 리더십은 팀의 각 구성원들로 하여금 자신의 취약한 부분을 파악하고 숨은 잠재력을 최고로 발휘할 수 있도록 하는 리더십에 핵심을 두었다. 또한 각 선수들에게 격려와 지지를 아끼지 않았던 리더였다.

# TIP

## 셀프 리더십의 지혜

나의 사명서를 작성하라

- 자신의 삶의 비전을 글로 구체적으로 적어 매일 보라고 큰 소리로 읽어보라
- 내 인생의 소중한 우선순위를 정하라
- 목표를 영역별로 분명하게 세분화하고 구체적으로 글로 적어라
- 정해진 목표를 이루어 낼 기간을 명시하고 실행계획을 세우라
- 시간을 정해서 연습하고 반복하라
- 주변 사람들에게 자신의 비전을 통해 원하는 결과를 이야기 하라
- 원하는 결과를 생각하며 행동에 옮기라
- 결코 포기하지 말고 최선을 다하라
- 목표를 이루어질 것이라고 확신하며 감사하라

# 카리스마 리더십(Charisma Leadership)

## 카리스마적 리더십

독일 사회학자인 베버(Weber)가 처음으로 사용한 카리스마의 개념은 원래 “신이 부여한 은총의 선물”이라는 신학적 용어였다. 베버는 카리스마적 리더에 대해 위기의 상황에서 사람들을 구할 수 있는 해결책을 가지고 나타나는 신비스럽고, 자아도취적이며, 사람들을 끌어들일 수 있는 흡인력을 지닌 사람으로 보았다.

카리스마적 리더십의 예로는 삼성의 이건희 회장을 말할 수 있다. 정보기술 부문에서 한국뿐만 아니라 세계를 이끌고 있는 이건희 회장의 스케줄은 기자들도 알 수 없을 정도로 베일에 싸여 있다. 이건희 회장은 전자제품에서 반도체, 휴대폰과 IT산업 등에서 알 수 있듯이 시장의 변화를 빠르게 읽고 투자할 분야에 집중하는데 이건희 회장은 큰 그림의 비전만 제시할 뿐 나머지는 구성원들의 몫이라는 것이다.

카리스마 리더십(Charismatic leadership)이란 추종자들이 영웅적이거나 비범한 리더십 능력으로 간주하고 있는 행동들을 말한다. 카리스마 이론에서 가장 중요한 논점이 되는 것은 '과연 카리스마가 타고난 것인가? 아니면 상황적인 것인가? 혹은 리더와 부하의 상호 작용 과정에서 생긴 것인가?' 하는 것이다. 이러한 논점은 비단 카리스마뿐만이 아니라 특성, 상황, 부합 이론 등에서 각각 그 뿌리를 찾아볼 수 있다. 전통적인 카리스마 이론과는 달리 최근의 카리스마 이론에 의하면, 카리스마적인 리더십은, 유전적이고 성격적인 리더의 특성보다는 리더가 '어떤 독특하고 위대한 특징을 타고나면서부터 가지고 있다'는 부하들의 지각에 근거하여 정의된다. 전통적인 리더십 이론들이 조직의 성과, 집단 성원의 만족, 부하의 인지 등을 종속 변수로 본 반면에, 이 이론들은 부하의 활동에 관련된 리더의 자극에 대한 감정적 반응(리더에 대한 자부심과 신뢰감)과 주어진 의무 또는 책임이상으로 수행하려는 부하의 동기 부여 정도를 종속 변수로 본다. 더욱이 이러한 이론들은, 리더 행동을 과업 지향적 - 관계지향적 행동으로 분류하는 전통적인 리더십 이론들과 대조적으로, 부하의 동기부여 정도를 종속 변수로 본다. 즉 부하의 마음속에 긍정적인 이미지를 형성하여 유지하도록 하고, 부하를 신뢰 존중하며, 비전을 제시하고 사명감을 강화하는 방법으로 행동하는가에 따라 리더를 분류한다. 그리고 이러한 이론들은 리더들을 보다 더 의미 있는 삶을 약속해 주고, 미래에 대한 희망을 주는 사람으로 본다.

## 모두가 다른 사람

세상에 일란성 쌍둥이를 제외 하고는 한 사람도 같은 얼굴이 없듯이 사람은 얼굴만큼이나 모두가 다르다. 세상과 문제를 보는 시각이나 그 문제를 해결하는 해결능력도 다르듯이 사람은 서로가 다르다. 다른 것을 하나로 만들고, 변화시켜 좋을 때도 있지만 있는 그대로의 특성을 그대로 활용할 때 더 좋을 때가 많다. 사람은 옳고 그름을 판단하는 기준도 다르고 가치관이나 그 사람의 신념에 따라 다르기 때문에 그 사람의 타고난 기질적 성향을 이해해주고 포용하는 리더의 리더십이 필요하다.

연구하는 쪽과 강의를 잘 하는 쪽의 학자가 있고 현장에서 고객에게 서비스를 잘 할 수 있는 성향의 사람이 있다. 사교적이고 인간 중심적인 구성원, 행정직과 연구직, 회계 등의 맞는 성향의 사람 등을 적재적소에 효과적으로 잘 배치하는 것 또한 리더의 능력이며 리더십이다.

가치관 연구의 선구자 로키치(Milton Rokeach)는 “가치관이란 어떤 구체적인 행동양식이나 존재양식이 그 반대의 행동 양식이나 존재 양식보다 개인적으로 혹은 사회적으로 더 바람직하다는 신념” 이라고 했다. 따라서 모두가 다른 사람들의 다양한 가치관 속에는 개개인의 이상적인 생각, 즉 무엇이 옳고 바람직한 것인가에 대한 각자의 기준과 신념이 들어있다. 조직의 구성원들은 어느 조직에 입사할 때, 자신의 가치관과 신념을 이미 가지고 있다. 이러한 신념과 가치관은 조직 속에서 일정한 과정을 통해서 변화될 수 있다.

그러나 우리가 가지고 있는 이러한 가치관은 일생을 통해 지속성을 지니게 된다. 그리고 이 가치관은 우리의 태도나 행동에 영향을 미친다. 따라서 가치관은 태도나 지각, 성격, 동기유발 등을 이해하는데 기초가 되므로 리더는 구성원들의 타고난 기질적 성향이나 가치관 등을 관찰하고 이해할 필요가 있다.

성숙한 성품의 리더는 조직 구성원들의 가치관이나 그들의 신념을 이해하고 볼 수 있다.

## 리더가 알아야 할 구성원들의 5대 성격유형

지금까지 심리학자들의 성격유형 이론은 수천가지에 이른다. 학자들 간에 이론의 개념차이도 많고 개념의 영역 또한 실천적 의미가 없는 유형들도 많았다.

조직 실무자들 간에 조직 경영과 관련성이 큰 다섯 가지 성격 유형을 살펴보면 친화성(Agreeableness), 성실성(conscient), 정서적 안정성(emotional stability), 외향성(extraversion), 그리고 경험에 대한 개방성(openness) 등이다.(1994, 백기복)

위에서 나열한 다섯 가지 성격 유형을 기준으로 리더가 조직을 운영해 가는데, **친화성**이란 다른 사람들과 협력적으로 잘 지낼 줄 아는 성향을 의미한다. 자기중심적인 것 보다는 화합을 중시하는 협력적이며 긍정적이고 신뢰감을 줄 수 있는 성품이다. 그들의 인간관계를 보면 동료 및 상사, 그리고 부하 직원들과도 무리 없는 조직생활을 원만한 관계로 잘 이끌어가는 성향이다.

**성실성**이란, 조직의 공유된 목표와 비전을 향해 관심과 노력을 집중하여 체계적이고, 책임감 있게 실천해 나가는 성향을 말한다. 그리고 **정서적 안정성**이란, 심리적으로 안정되어 있으면서도 열정적이고 스트레스나 위기 상황 및 긴장 상태에 대한 대처방안 능력이나 극복 능력이 우월하다는 것이다.

다음은 **외향적 성향**의 사람으로서 자신의 내면의 정서나 자기표현을 적절히 할 수 있으며 사교적이고 능동적인 행동 유형의 사람들이다. 피드백이 빠르고, 결단력이나 생각을 행동으로 옮기는 속도도 빠르기 때문에 긍정적인 면도 많으나 속전속결로 인한 손해도 있을 수 있다.

아이젠크의 이론을 실증 연구한 결과 내향적인 사람은 외향적인 사람보다 감성의 수준이 높은 것으로 나타났으며 문제해결에 직접 참가하는 것에 대해서도 외향적인 사람이 편하게 행동으로 피드백을 할 수 있는 반면 내향적인 사람은 심사숙고 하거나 결단력이 부족한 등의 차이점이 있을 수 있다.

끝으로 **경험에 대한 개방성**이란 폐쇄적이 아닌 개방적 사고와 관심을 의미한다. 개방적인 사람은 긍정적 사고와 혁신적인 경험을 추구하고 창의성과 상상력을 통해 변화에 대해서도 적응력과 수용도가 높다. 그리고 새로운 정보를 추구하려는 성향을 갖고 있다.

다시 정리해보면 **성실성**을 가진 소유자의 성격적 특징은 조심스럽고, 강한 절제와 신뢰감을 줄 수 있는 이미지를 보이고 **정서적 안정성**의 소유자는 안정적이고, 차분하고 여유로움의 이미지를 갖고 있다. 그리고 **외향적 성격**의 소유자는 활동적이고 자기표현을 잘 하며, 사교적이고, 확신을 준다. **친화성**의 소유자는 타인을 배려하고 공감하며, 정중한 특성을 보인다.

### 집중력과 유인력

리더의 가장 뚜렷한 특징은 사람을 끌어들이는 힘이다. 카리스마의 원래적 의미에서 발원되는 것으로, 그 사람에게 가면 뭔가를 얻을 수 있고, 배울 수 있고, 성공할 수 있다는 기대감을 갖게 하는 힘이다. 이는 사람을 자기편으로 끌어들이는 강력한 힘이다. 이는 선천적일 수 있고, 후천적으로 주변 사람들에게 자기의 존재를 알리는 끊임없는 노력으로 만들 수 있다.

### 명확한 미래의 비전

비전이란 미래에 달성하기를 원하는 이상적인 목표이며 미래에 다가올 현실이다. 현 상태에 만족하는 사람은 비전의 관점에서 카리스마를 가질 수 없다. 리더에게서 명확한 미래를 볼 수 있는 구성원만이 리더의 미래 청사진을 공유한다. 낯선 환경에 도전하는 리더에게서 사람들은 카리스마를 본다. 리더에게서 거부할 수 없는 비전과 미래를 느끼게 되는 것이다. 탁월한 리더는 자신의 꿈을 사람들에게 명확히 심어주며 그들이 동참하도록 한다.

## 일관성과 상황판단의 정확성

경쟁 환경을 정확히 평가하고 비전을 성취할 때, 사람들은 리더를 카리스마 리더로 받아들이게 된다. 신뢰할 수 있는 의사결정 능력이 있기 때문이다. 한번 결정한 것을 자주 바꾸게 되면 점차 카리스마를 잃게 된다. 잭 웰치는 21년간 GE를 이끌면서 끊임없이 변화에 능동적으로 대응할 것을 요구했다. 그의 리더십에 강력한 카리스마가 생긴 것은 변화에 대한 웰치의 예측이 정확하게 맞았기 때문이다.

2002년, ≪포춘(Fortune)≫은 GE를 미국인이 가장 존경하는 회사로 꼽았다. 존경 받는 회사가 된 근거를 설명하는 분석 자료에는 40개의 페니(미화 1센트 동전)가 등장한다. 지난 40분기 동안 분기별 수익에 대한 전문가의 예측과 실제 실적이 페니 수준으로 차이가 났다는 것을 보여주기 위해서이다. 경영진의 정확한 판단력을 입증하는 자료이다.

## 창조적인 실행가

카리스마 리더는 기존 관념에 얽매이지 않는 방법을 사용함으로써 현재의 질서를 초월한다. 따라서 카리스마 리더에게는 독창적이고 차별화되는 요소들이 많다. 다른 리더가 한다고 해서 좇아서 하는 일은 카리스마를 만들어 내기 힘들다. 앞서가는 생각으로 남들이 하지 못한 일들에 과감히 도전해서 이루어 내야 한다. 기존의 방식을 탈피한 방법을 사용하여, 구성원으로 하여금 리더의 안목에 대해서 신뢰감을 갖도록 해야 한다.

## 분명한 자기표현

자신이 제시한 비전의 성취에 자신감을 가지고 이를 단호히 그리고 분명히 표현한다. 미래의 비전을 가장 매력적이고 달성 가능한 대안으로 설명하며 자신감과 전문지식을 통하여 추종자들을 설득한다. 무엇을 기대하며 왜 그렇게 하는 것이 바람직한가를 분명히 말할 수 있어야 한다.

## 철저한 자기관리

탁월한 리더는 자기관리에 철저하다. 그리고 개인적 파워를 이용한다. 리더이기 때문에 리더 말을 들어야 한다거나 보상을 전제로 한 파워로는 카리스마 리더가 될 수 없다. 인생의 비전, 가치관 그리고 삶의 자세 등에 대해서 명확한 태도를 보여주고 전문적 파워나 준거적 파워로 구성원을 설득한다. 패거리 문화를 싫어하며, 모든 사람에게 공정하다.

카리스마는 우리말로 바꾸면 "칼 있으마." 이다. 칼이 있다는 것을 상대방에게 보여주는 것이다. 그러나 진정한 리더는 칼을 보여줄 뿐 뽑지는 않는다. 칼을 뽑지 않고 있는 것만으로도 이미 충분히 권위를 보여주는 것이다. 즉, 권위나 권한이 있어도 그 권한을 쓰지 않고 리더십을 보여주는 것이 바로 진정한 리더십이라 할 수 있다. 그 진정한 리더십은 바로 깊은 지혜와 인격에서 나온다.

## 카리스마 리더십의 특성

앞서도 언급했듯이 카리스마 리더십(charismatic leadership)이란 추종자들이 영웅적이거나 비범한 리더십 능력으로 간주하고 있는 행동들을 말한다. 그리고 카리스마 이론에서 가장 중요한 논점이 되는 것은 카리스마가 타고난 리더의 특성인지 아니면 부하들과 상호작용 과정에서 형성된 것인지의 환경론과 생득설(生得說)의 관점이다. '과연 카리스마가 타고난 것인가? 아니면 상황적인 것인가? 혹은 리더와 부하의 상호 작용 과정에서 생긴 것인가' 하는 것이다. 특히 부하의 마음속에 긍정적인 이미지를 형성하여 유지하도록 하고, 추종자를 신뢰하고 존중하며, 비전을 제시하고 사명감을 강화하는 방법으로 행동하는가에 따라 리더를 분류한다.

# 정주영

**대한민국의 신화를 남긴**

**현대 신화를 창출한 현대 그룹 정주영 회장**

## 정주영은 누구인가

전 세계의 기업인들과 어깨를 나란히 견줄 만한 경영자를 한국에서 찾는다면, 단연 현대그룹의 정주영 명예회장을 손꼽을 수 있다. 강원도 빈농의 아들로 태어나 소학교(초등학교)를 겨우 마친 정주영 회장이 현대그룹이란 거대한 기업체를 일구기까지의 창업과정은 하나의 신화에 견줄 만하다.

### 마지막까지 최선을 다하고 말하라.

"마지막까지 최선을 다하라" 정회장의 수많은 성공담은 그의 끈질긴 노력에서 비롯된 것이다. 일례로 현대의 역사적 작품 가운데 하나인 경부고속도로 공사는 430억 원의 최저 공사비로 전장 428km의 고속도로를 3년 안에 건설한다는 계획이었다. 사실 잘못하다간 손해와 위험을 안게 되는 골칫덩어리 공사인 셈이었다. 그렇다고 대충 부실공사를 할 수도 없는 노릇이었다. 정주영 회장은 공사기간을 앞당기기 위해 그때로서는 천문학적이라 할 수 있는 800만 달러의 중장비를 구입해 900만 명에 달하는 인원을 동원했다. 많은 어려움이 있었지만 결국 1970년 6월 27일, 최대 난제였던 당제터널 공사를 끝내고 예정대로 경부고속도로 준공식을 치르게 되었다. 정주영 회장이 집요하리만큼 노력을 기하는 자세는 타고난 기질적 성향인 일에 대한 열정이라고 표현할 수밖에 없다. 정주영 회장은 어떤 분야이건 일단 뛰어들면 목표를 이룰 때까지 모든 장비와 엄청난 투자와 포기하지 않는 추진력과 열정을 아끼지 않았다.

## 명확한 비전을 제시하는 경영인

기업체를 설립하고 성장시키는 것은 쉽지만 끊임없이 새로운 변화를 모색하며 발전시킨다는 것은 생각처럼 간단치 않다. 그러한 점에서 정주영 회장은 늘 새로운 일들을 꿈꾸고 계획하는 전략가였다. 예로 현대의 반도체 사업, 현대조선, 현대중공업, 서울올림픽 유치, 금강산 개발사업 등은 창업주의에 기반을 둔 정주영 회장만의 '미래 청사진'이다. 이들은 정주영 회장이 미래를 내다보는 안목이 있다는 실증적인 예가 되는 셈이다. 그렇다면 정주영 회장은 많은 미래의 아이디어를 어디에서 찾는 것일까. 정주영 회장은 많은 시간을 들여 문제를 집중적으로 생각하는 한편 각 개인의 태도를 예의주시한다고 한다. 항상 새로운 각도에서 문제를 바라보는 것, 이것이 아이디어를 얻는 비결이라는 설명이다.

## 현장에서 살고 현장에서 죽는다.

흔히 정주영 회장을 '현장주의자'라고 말한다. 하루도 거르지 않고 산업 현장을 직접 찾는 정주영 회장이 어느 순간

불시에 나타날지 몰라 현장의 직원들은 항상 긴장과 초조의 날들을 보낸다는 것이다.

기업이란 냉정한 현실이고, 행동함으로써 성장해 나가는 만큼 경영자가 똑똑한 머리만 굴려서는 성공할 수 없으며 몸소 행동해야 기업을 키울 수 있다고 역설하는 것이 정주영 회장이다. 이론보다는 현장에서 직접 체험한 지식과 경험이 기업에 더 절실하다는 얘기다. 정주영 회장은 현대라는 기업을 세운 이후 모든 시간을 현장에 투자했기에 경영자의 위치에서도 미세한 부분까지 파악하고 지휘할 수 있는 사령탑 역할을 충분히 해낼 수 있었다.

지칠 줄 모르는 승부근성과 믿을 수 없을 정도의 대담성, 명확한 비전제시 등 경영자로서 최고의 지략을 지닌 정주영 회장은 그의 리더십을 바탕으로 한국 경제발전사의 핵심을 꿰뚫은 기업인으로 건설, 자동차, 조선, 석유화학 등 산업 근대화의 중추적인 역할을 해냈다.

카리스마 있는 리더들은 상상력을 사로잡고 그리고 그의 추종자에게 헌신과 충성을 하도록 영감을 준다. 그리하여 카리스마 리더들은 그들의 추종자에게 심오한 감정적 영향을 주는 리더로 정의된다. 부하들은 그들을 단순히 상관으로서가 아니라 현실보다 더 큰 영웅, 그리고 역할모델로서 본다. 다시 말해 카리스마 리더들은 그들의 부하들에게 영감을 주며, 그들의 부하들은 그 리더들에게 충성을 바친다.

(2006.정우일)

고전적인 역사학자 타키투스는 “거리가 위엄을 더해준다”는 말을 통해 권위를 위해서는 사람들과 일정거리를 유지해야 한다고 권면한다. 이는 최고 리더의 입장에서 본 것이고, 반대의 개념으로는 “권력은 물리적 거리에서 나온다.”이며, 권력을 얻기 위해서는 최고 리더와 어떻게든 가까이 지내야 함을 뜻한다. 이 이론은 지금도 유효한 원칙이자 외적 방법론의 한 부분이다. 복잡한 조직을 관리하기 위해서는 상황에 맞는 리더십이 절대적으로 필요한데 그 리더십의 핵심요소가 “카리스마”이다.

앞에서도 언급하였지만 카리스마(charisma)는 원래 “gift”를 의미하는 그리스어에서 유래하였고, 기독교 신학에서는 “신의 은총”이라는 의미로 쓰였다. 즉, 미래의 사건을 예측하거나 또는 기적을 행하는 능력과 같이 신이 부여한 영적인 재능을 뜻한다.

이처럼 원래 카리스마는 외부로부터 부여받은 능력, 선천적으로 부여받은 능력으로 간주되나 근래 리더십 분야에서는 조직 구성원들이 받아들이는 권위의 의미로 세속화되어 연구의 한 테마가 되었다.

또한 카리스마가 리더십 분야에서 집중적으로 논의되고 있는 것은, 리더 한 사람의 역량에 따라 죽어가는 조직이 회생하기도 하고, 위대한 결과를 창출하기도 하기 때문이다. 최근의 급격한 변화 속에서도 당당히 번영하고 있는 초우량 기업들의 이면에는 대부분 강력한 카리스마를 발휘하는 리더들이 있다. 그렇다면 탁월한 리더의 카리스마의 원천은 어디에 있을까?

## 따뜻한 카리스마의 10가지 요소

- 자기를 적극적으로 표현하는 개방성을 가져라.
- 상대방을 배려하고 감정에 공감하라.
- 어떤 일이든 최선을 다하고 최대한의 신뢰와 존중을 보여주라.
- 설득이나 설교보다는 공감을 통해 스스로 선택하게 하라.
- 겸손: 겸손하고 또 겸손하라.
- 거절의 기술: YES보다 적절히 NO를 잘 하는 것이 지혜다.
- 자기극복: 자신을 발견하고 자신과의 싸움에서 이겨라.
- 유머: 여유를 보이고, 큰 가슴으로 품어라.
- 인연: 만남의 축복을 누려라.
- 비전: 자신의 카리스마를 개발하라.

# 피그말리온 리더십(Pygmalion Leadership)

성경 말씀에 "네 믿음대로 되리라"라는 말씀처럼 '피그말리온 효과'는 기대 혹은 믿음이 갖는 영향력을 말할 때 자주 등장한다. 사람마다 가지고 있는 장점이나 강점을 통해 그 영역을 더욱 더 강화시켜 주고, 타인의 강점 역시 칭찬이나 격려와 지지를 통해 긍정적 힘을 끌어내는 힘의 리더십을 말한다.

하버드 대학교의 저명한 사회심리학자인 로버트 로젠탈(Robert Rosenthal) 교수는 자신의 박사논문을 준비하면서 재미있는 현상을 발견하였다. 당시 로젠탈 교수는 실험의 결과가 자신의 예상대로 나오지 않아 고생하고 있었다. 그런데 그가 자신의 실험에 오는 참가자들에게 은근히 자신이 바라는 의도를 보이자 실험 결과가 그가 예상한 대로 나오기 시작했다. 그는 이런 경험을 통해서 한 개인이 어떤 대상에 대해 기대를 가지고 있을 때 그 기대와 일치되는 방향으로 행동하게 되고, 결국 자신의 원래 기대를 이루게 된다는 사실(self-fulfilling prophecy)을 발견했고, 쥐를 대상으로 한 실험을 통해 이를 입증했다. 간단히 이 실험을 소개하면, 로젠탈 교수는 실험 참가자에게 쥐를 나누어 주고 일주일 동안 미로 통과 훈련을 시켜서 평균 미로 통과 시간을 보고하라고 요청하였다. 하지만, 실험 시작 전에 절반의 참가자들에게는 그들이 받은 쥐가 유전자 합성을 통해 우성유전자만을 가진 똑똑한 쥐라고 몰래 알려 주었고, 나머지 절반의 참가자들에게는 아무런 말을 하지 않았다. 이는 실험을 위한 조작이었다. 실제 쥐의 능력에는 아무런 차이가 없었다. 일주일 후에 결과는 어떠했을까? 자신의 쥐가 똑똑한 쥐라고 믿었던 실험 참가자가 보고한 기록이 그렇지 않은 참가자의 기록에 비해서 더 좋게 나왔다. 주시하다시피, 실험 참가자들에게 배당된 쥐는 모든 면에서 아주 비슷한 일란성 쥐들이었다. 그런데 왜 보고 기록에서 유의한 차이가 나타났을까? 로젠탈 교수의 선견처럼 실험 참가자들은 자신에게 배당된 쥐의 능력에 대한 기대에 따라 다르게 행동했으며, 이러한 기대는 쥐의 미로 통과시간을 보고하는 데도 다르게 영향을 미쳤던 것이다. 다시 말해, 자신의 쥐가 똑똑한 쥐라고 믿었던 참가자들은 그 쥐를 더 열심히 훈련시켰고, 더 잘 보살펴주었으며, 쥐가 딴 짓을 해도 더 참아주었고, 더 좋은 기록 위주로 보고하였다. 결국, 자신의 쥐가 똑똑하다고 기대했던 피험자들은 자신의 쥐를 정말로 그렇게 만들어 갔던 것이다. 다소 비약이 있지만 만약 실험자가 관리자인 리더이고, 쥐가 리더의 부하라면 어떤 결과가 나왔을까? 부하에 대해서 리더가 가지고 있는 선입견이나 편견으로 인해 그들의 실제 능력과는 상관없이 그들을 리더의 기대처럼 만들어 가지는 않았는지 곱씹어 볼 필요가 있다. 입사 점수가 낮고, 학벌이 낮다고 생각하는 부하에게 그렇지 않은 부하에 비해서 낮은 기대를 갖고 은근히 깔보거나 무시한 적이 분명히 있거나 혹은 꼼꼼히 따져보지 않고 학벌이 높거나 입사 점수가 높은 부하에게 무턱대고 중요한 일을 맡기거나 잘 해준 적이 있을 것이다. 결국 그들이 높은 수행 능력을 보였다면, 그것은 많은 경우 그들이 정말로 똑똑해서가 아니라 리더나 상사가 그들을 그렇게 대우해주었기 때문일 것이다. 결국 부하들은 그들이 받는 임금이나 복리후생보다 상사가 자신에게 기대하고 그에 따라 대우하는 방식에 의해서 더 큰 영향을 받는다. 즉, 부하는 상사의 기대를 먹고 살아간다고 해도 과언이 아닐 것이다.

피그말리온 리더십

장점강화

비젼

자신감

멘토링

존중

평생학습

따라서 상사인 리더가 피그말리온이 되어 리더의 부하를 마치 처녀 상처럼 대한다면, 부하들은 아름다운 여인으로 리더을 감동시킬 수 있을 것이다. 결국 중요한 것은 상사로서 여러분이 부하에게 높은 기대를 갖고 그렇게 행동해주는 것이다. 물론 높은 기대를 갖기 힘든 경우도 있다. 그 경우에는 최소한 높은 기대를 가지고 있는 것처럼 행동해 주어야 한다. 즉 모든 부하에게 높은 기대를 갖고 있다는 것을 행동으로 보여주어야 한다.

다시 말해, 설사 실수하더라도 격려해주고 더 부드럽게 웃어주고 다음에 더 잘 할 수 있도록 자신감을 심어주고 더 칭찬해주고 믿고 일을 맡기고 최대한 자세히 그리고 친절히 알려주고 결과가 생각보다 좀 늦게 나타나더라도 좀 더 참고 기다려주고 그들이 하는 일이 얼마나 중요한지 말해주고 또 그들이 팀과 회사의 구심점이 될 수 있다고 격려해주어야 하며 사랑하는 부하에게 행하듯 그렇지 않은 부하에게도 동일하게 이와 같이 행동하도록 노력해야 한다. 그러면 조만간 그들도 리더가 '갈라티아'처럼 사랑할만한 어여쁜 부하가 될 것이 틀림없다. 왜냐하면 그들 모두 관리자인 리더가 자신들에게 높은 기대를 가지고 있다고 느낄 것이고, 그런 리더를 실망시키고 싶지 않아 최선을 다해 노력할 것이기 때문이다.

이것이 바로 피그말리온 리더십의 핵심이다. 결국 상사의 기대와 그에 따른 피그말리온 리더십은 자신이 사랑한 조각상을 아내로 얻는 피그말리온의 노력처럼, 부하를 성공으로 이끄는 열쇠와도 같다. 부모가 자녀를 양육할 때도 피그말리온 효과를 다룬 많은 연구결과를 보면 알 수 있듯이 누구나 가지고 있는 장점에 긍정적 시각을 맞추고 지지해 주고 격려해 주면서 인정과 칭찬을 지속적으로 했을때 그 자녀의 장점이 더욱 더 강화되고 극대화 되는 것이다. 이와 같이 리더가 피그말리온 효과를 부하직원이나 구성원들에게 적용한다면 기대하는 성과와 함께 부하들 개개인의 장점으로 인해 큰 시너지 효과를 얻을 수 있을 것이다. 이러한 리더십은 훌륭한 제자를 길러내는 것을 최고로 알았던 군자의 도(道)와 유사하다고 볼 수 있다.

(2003,로버트 로젠탈· 레노어 제이콥스)

# PART Ⅲ 글로벌 리더의 리더십 DNA

넬슨 만델라

버락 오바마

손정의

빌 케이츠

스티브잡스

월트 디즈니

이건희

허브 켈러허

콘돌리자 라이스

힐러리 로뎀 클린턴

반기문

앙겔라 메르켈

세종대왕

징기스 칸

랜스 암스트롱

오프라 윈프리

이종옥

장기려

# 넬슨 만델라 (Nelson Rolihlahla Mandela)

**평화주의, 영적 리더의 넬슨 만델라**

리더십 키워드

- 용기는 두려움이 없는 것이 아니라 다른 사람들로 하여금 두려움을 넘어 행동하게 하는 영감이다.
- 앞에서 리드하라, 그러나 뒤에 있는 베이스를 떠나지마라.
- 뒤에서 리드하라, 그러나 다른 사람들이 최전선에 있다고 믿도록 하라.
- 친구들을 가깝게 지내라, 그리고 경쟁자라할지라도 더 가깝게 하라.

## 넬슨 만델라(Nelson Rolihalahla Mandela)는 누구인가

만델라는 1918년 남아공화국 케이프타운의 동부 엠브조(Mvezo)라는 부족마을에서 태어났다. 그가 아홉 살되던 1927년에 아버지가 돌아가시자 부족장의 손에 자랐으며 1938년 헬드타운에 있는 고등학교를 졸업하고 남아공 포트헤어대학에 진학한다. 1944년 첫 번째 부인인 에버린 메스와 결혼하여 1957년 이혼하고 위니메디키젤라와 재혼하였다. 위니메키젤라는 30년 가까이 만델라의 석방과 인종차별철폐를 위해 헌신한 여인이었다. 그녀와는 1996년 이혼하고 1998년 모잠

비크 초대 대통령부인이자 사회운동가인 그레카 Machol과 세 번째 결혼을 한다.

만델라는 1944년 AVC청년연맹을 창립한 후 1952년 트렌스벌 AVC회장으로 선출된 후 흑백 불평등법 철폐 캠페인을 벌리는 등 불룬티어로서의 활동을 시작하면서 요하네스버그에 흑인 최초의 변호사사무실을 개소한다. 1962년 정치운동가로서 활동한 지 17개월 만에 체포되어 2년 뒤인 1964년 종신형을 선고받고 복역한다. 1973년과 1985년 인권운동을 하지 않겠다는 조건으로 석방 제의를 받았으나 거절하고 복역 중 백인 수상인 Klerk에 의해 1990년 석방된다. 그 후 1993년 Klerk와 공동으로 노벨평화상을 받는다. 그리고 1994년에 남아공대통령으로 선출되어 1999년에 퇴임했다.

2008년 7월 21일자 타임 잡지는 만델라의 90세 생일을 맞아 '만델라 리더십의 비밀'이라는 커버스토리로 만델라의 리더십을 여덟 가지로 정리하고 있다.

만델라의 첫 번째 리더십의 요목은 용기라고 지적한다. 1994년 대통령선거기간 유세장으로 가던 중 비행기 엔진 하나가 고장났다. 그 비행기 안에 있는 모든 사람들이 어찌할 바를 모르고 공황상태에 빠졌을 때 만델라는 편안히 앉아 신문을 읽고 있었다. 만델라의 이러한 모습을 본 사람들은 비행기가 추락할지도 모르는 상황에서도 침착해 질 수 있었다.

필자는 만델라의 이런 초연한 자세가 어디에서 오는 것인지 생각해보았다. 인터넷 검색 등을 통해 만델라가 크리스천이라는 것을 알게 되었고 아마도 만델라의 리더십의 초석은 그의 신앙에서 온 것이 아닐까 하는 생각을 하게 되었다.

리더는 타인들의 모델이 되어야 하기 때문에 두려움을 극복할 수 있는 강인함을 만델라 스스로 알고 있다는 것이다. 비록 두려울지라도 국민들이 그 사실을 알도록 해서는 안 된다는 것이다.

두 번째로는 앞장서 리드하되 뒤에 남아있는 지지자들과 함께하는 태도를 잊지 않는다는 점이다. 1985년 광산노조파업 때나 감옥에서 독방처우개선 등의 협상을 할 때 끈기 있고 체계적으로 협상을 이끌어 끝내 성공하기도 하였는데 만델라의 리더십 특징 중의 하나는 장기적으로 노력할 때 보다 나은 결과를 가져온다는 신념을 갖고 있다는 점이다.

세 번째는 뒤에서 리드하면서 다른 사람들이 앞장서 일을 한다고 믿도록 만든다는 점이다. 만델라는 논쟁에 일찍 뛰어드는 법이 없지만 사람들로 하여금 어떻게 하라 말하기보다는 합의를 할 수 있도록 도와 스스로 문제해결을 했다는 자부심을 갖도록 한다.

넷째 만델라는 적을 알고 적이 좋아하는 스포츠를 배우라고 권장한다. 만델라는 남아공 백인들의 언어를 배우기 시작해 백인들이 사용한 언어로 말함으로써 그들의 강점과 약점을 다 이해하려 하였다. 백인들의 아프리카 정착사는 물론 아프리카 백인 언어(Afrikaanr)와 그들이 즐기는 럭비까지도 해박하게 이해함으로써 후일 흑백통합의 중요한 전략으로 활용하였다.

다섯째 '친구를 가까이 하라, 그리고 경쟁자라 할지라도 더 가까이 하라'는 태도로 포용과 관용 그리고 균형적 사고를 가지려 노력했다.

대통령일 때 정적들에게 수시로 전화를 걸어 자문을 구하기도 하고 첫 조각 때 만델라 자신을 감옥에 보낸 사람들도 각료로 임명하기도 하였다. 남아프리카 대통령인 Klerk와도 쉽게 소통을 이루기도 하였다.

여섯째 만델라의 리더십 속에서는 겉모습도 중요하지만 미소를 기억하도록 하는 게 더 중요하다는 모습이 있었다.

"Apperances matter and remember to smile" 이라는 말 그대로 만델라가 가난한 법대학생이었을 때 남루한 옷차림으로 부동산업자이며 ANC의 젊은 리더인 월터씨스루를 만난 적이 있었다. 훗날 씨슬루씨는 만델라를 기억하면서 "대중적 리더가 내 사무실로 걸어 들어왔다. 그의 미소는 구름 낀 날 태양이 솟아나는 것과 같았다"고 말했다.

일곱째로는 '흑백의 문제는 아무 일도 아니다'라는 인종을 초월한 통합과 화합의 리더십을 발휘하였다. 기자들이 '백인이 지배하는 정부를 전복시킬 수 있었는데 왜 안했는가?'라는 질문을 할 때마다 만델라는 '흑백통합적 관점은 안 되나요?'라고 반문하곤 했다. 그리고 AVC활동을 할 때 가다피와 카스트로의 도움을 받은 적이 있는데 예외적으로 이들에게 충성을 보이기도 했고 미국이 남아공 정책을 흑백의 관점에서 볼 때에도 만델라는 항상 실질적 관점에서 해결하려 노력하였다.

여덟번째 덕목은 자리에 연연한지 않고 떠날 때 떠나는 용기와 지혜를 갖춘 리더라는 것이다. 만델라가 대통령에 당선되었을 때 많은 사람들이 긴 시간 대통령으로 재임할 것이라 생각했지만 아프리카 대륙에서는 드물게 민주적으로 선출되어 임기를 마치고 떠난 대통령의 선례를 남겼다. 만델라의 리더십은 대통령 직책을 떠나도 추종자들의 영적지도자로서 변함없는 리더였다는 것이다.(Quitting is leading too)

## 평화주의, 영적 리더, 도덕적 리더 넬슨 만델라

노벨평화상 수상자이자 현대사의 영웅(modern hero)인 넬슨 만델라는 불의와 억압에 대항하며 일생동안 자유를 갈망해 온 분이다. 그를 흔히 화합의 리더라 하고 평화의 수호자요 근대가 낳은 가장 위대한 도덕적 지도자라 한다. 올해로 90이 된 넬슨 만델라(Nelson Mandela)는 남아프리카 공화국의 흑백갈등을 종식시켰을 뿐만 아니라 1999년 정치 일선에서 물러난 지금도 세계의 평화와 화합을 위해 헌신하고 있다. 늘상 '과거를 잊어라'(Forget the past)라고 말하지만 27년간의 감옥생활을 통해 만델라는 감성적 균형과 강한 의지를 습득했고 이러한 과정에서 용서와 사랑을 함께 간직하게 된 것이다. 남아공화국 대통령으로서, 노벨평화상 수상자로서, 그리고 타임잡지에 다섯 번이나 커버스토리 인물로 선정된 인물로서, 그의 위대함 뒤에는 항상 27년간의 감옥생활에서 얻은 자기 통제와 타인의 배려 그리고 성숙을 바탕으로 한 성숙의 리더십이 있었다. 만델라 자신도 늘 '나는 성숙한 사람이 되어 감옥에서 나왔다. 성숙한 사람만큼 그렇게 값지고 귀한 것은 없다'라고 말했다.

(2008.07.Time지 中에서)

memo

# 버락 오바마 (Barack Hussein Obama)

**"미국 최초 흑인 대통령의 신화를 꿈꾸는 검은 케네디"**

### 리더십 키워드

- 긍정적사고
- 사려 깊고 진솔한 언변
- 겸손한 성품
- 포용력의 카리스마

1961년생. 케냐 출신의 흑인 아버지와 백인 어머니 사이에서 태어난 혼혈인. 두 살 때 부모의 이혼으로 오바마의 어머니가 재혼을 하면서 인도네시아에서 잠시 어린 시절을 보냈다가 다시 하와이로 건너와 조부모 품에서 자랐다. 컬럼비아 대학을 졸업한 후 시카고에서 빈민지역 활동가로 일하다가 하버드대학 로스쿨을 수석으로 졸업하고 인권 변호사와 대학교수로 활동하다 1996년 일리노이주 상원의원에 당선되면서 정치에 입문하게 된다. 2004년 미국연방 상원의원 선거에서 민주당 소속으로 출마해 압도적인 득표로 당선되었다. 힐러리 클린턴 후보와 민주당 미 대선후보로 경쟁 후에 민주당 대통령 후보가 되어 공화당 맥케인 후보와 박빙의 승부를 이어가고 있다.

가족으로는 부인 미셸 오바마(Michelle Obama, 현 시카고 대학교병원 부원장)와 두 명의 딸이 있다.

## 버락 오바마(Barack Hussein Obama), 그는 누구인가?

> "진보적이거나 보수적인 미국이 아닌,
> 미 합중국만이 있을 뿐입니다.
> 흑인계나 백인계 미국이 아닌, 라틴계나 아시아계 미국도 아닌, 미합중국만 있을 뿐입니다."
>
> -2007년 7월 27일 민주당 전당대회 연설 중-

### 케냐 출신 아버지에게서 태어나 대선에 도전하기까지

스와힐리어로 '축복받은 이'란 이름 버락(Barack)을 가진 오바마는 1961년 케냐 출신으로 케네디 재단의 장학금으로 미국에서 유학 중이던 흑인 아버지와 캔사스 출신의 백인 어머니 사이에서 태어났다. 두 살 때 부모의 이혼으로 어머니와 지내던 오바마는 재혼한 어머니를 따라 인도네시아에서 성장기를 보내고, 다시 하와이로 돌아와 외조부모 곁에서 10대 시절을 보낸다. 그 시절 자신의 정체성에 대한 혼란과 가난한 환경으로 한때 암울한 시절을 지냈지만, 흑인의 한계를 뛰어 넘겠다는 각오로 옥시덴탈 칼리지를 거쳐 컬럼비아 대학에서 정치학과 국제관계를 공부하였다.

이후 빈민 지역 활동가로 활동하면서 제도 개혁 없이는 근본적인 해결이 어렵다는 생각에 하버드 로스쿨에 들어갔으며, 1990년 하버드대학 사상 최초로 흑인 로 리뷰사(LOW REVIEW) 편집장으로 선발이 되어 그의 이름을 알리게 되었으며, 결국 우수한 성적으로 졸업하였다.

인권 변호사로 일하면서 시민운동에 본격적으로 참여하게 된 오바마는 이런 활발한 활동을 기반으로 1996년 일리노이주 상원의원이 되면서 정치에 입문하게 되었다. 2004년 11월에는 미국 연방 상원의원 선거에서 민주당 소속으로 출마해 70%의 득표로 당선되었다. 힐러리 클린턴과 대선후보 경쟁을 거쳐 민주당 대선 후보로 선출되었다.

짧은 정치 경력이 단점이자 장점인 오바마는 그만큼 기존 정치인의 때가 덜 묻어있다는 것과 세련된 연설이 그의 무기이다. 하지만 오바마가 넘어야 할 산은 높고도 험란하다. 짧은 정치 경력에 감춰진 그의 정치 실력을 검증받아야 하기 때문이다. 따라서 오바마의 진정한 라이벌은 공화당 맥케인 후보가 아니라 미국인이라는 지적도 있다. 미국인이 과연 첫 흑인 대통령을 받아들일 준비가 되어 있느냐는 것이다.

## 버락 오바마의 리더십 키워드

### 긍정적 사고

한때 부모님의 이혼과 재혼으로 술과 마리화나, 코카인에 손을 대는 어두운 10대 시절을 보냈지만 불우했던 자신의 어린 시절의 경험을 오바마는 오히려 성장 동력으로 바꿔 활용하였다. 오바마는 세상을 바꿀 수 있다고 믿으며 스스로 실천하는 지성을 가졌다. 바로 이런 낙관적인 사고와 실천이 오늘의 그를 만들었다 해도 과언이 아니다.

### 사려 깊고 진솔한 언변

오바마의 온화한 미소와 탁월한 연설 능력은 대중을 압도한다. 또한 불우했던 과거의 기억을 솔직히 고백하는 진솔함에서 대중들은 따뜻함과 진솔함을 느낀다. 그는 대중 연설에서 핑크빛 공약을 마구 쏟아내지 않는다. 안 되는 것을 안 된다고 말하는 것이 오바마의 솔직함이다. 상대 후보의 원색적인 비난과 비방에도 연연해하지 않는다.

2004년 보스턴에서 열린 민주당 전당대회에서 그는 '대담한 희망'이란 주제로 대중의 열광과 환호를 일궈내면서 이 무렵부터 '오바마니아'란 말이 등장하게 되었다. 오바마는 간결하고 또렷하게 메시지를 전달한다. 거의 청중을 마비시킬 정도다. 이런 오바마의 화술은 흑인과 라틴계, 청년, 좌파 등 주변인들을 모두 묶을 수 있는 힘을 가지고 있다고 언론들은 분석하고 있다.

### 겸손한 성품

오바마는 미국인들이 오랫동안 꿈꾸어 왔던 인종과 종교간 갈등을 해소하고 국민 통합을 가능하게 할 것 같은 부드러운 인물이다. 언론에서 치켜세우지 않아도 존경이 가며 자발적으로 관심이 가는 깊은 매력을 보유했다. 분명한 결단과 냉철한 지성과 따뜻한 가슴은 그의 겸손한 성품을 보여주는 한 예다.

**표용력의 카리스마**

그는 흑인 혼혈인에다, 이민자에 빈민 운동가지만 보수적인 공화당원들도 감동할 정도의 넓은 포용력은 그의 리더십의 가장 중요한 핵심이 된다.

> **"나는 흑인을 위한 오바마도 아니고,**
> **백인을 위한 오바마도 아니고,**
> **황인을 위한 오바마도 아니고,**
> **여성을 위한 오바마도 아니고,**
> **남성을 위한 오바마도 아니고,**
> **동성애자를 위한 오바마도 아니고,**
> **오로지 미국을 위한 오바마입니다."**

memo

# 빌게이츠(William H. Gates)

21C 최고의 변화와 혁신을 리드한 빌게이츠

리더십 키워드

- 성공은 자신의 실수를 인정하고 새로운 전략을 세우는 사람에게 온다.
- 자신의 신념하나만 끝까지 고집하는 사람들은 성공을 맞이할 수 없다.
- 능동적 변화는 성공의 핵심 키워드.
- 조직의 실패는 인간사의 혼란에 적응해야하는 지도자의 무능에서 나온다.
- 거대한 기업을 경영하는 사람들은 언제나 혁신과 전략과 전술을 변화시킬 준비가 되어 있는 사람이다.
- 성공한 지도자가 되려면 항상 자신의 방법을 변화시킬 준비를 해야 한다.
- 변화하지 않는 것은 이미 실패한 것이다.
- 성공적인 지도자들의 특징은 주어진 기회를 추진력으로 개척한다는 것이다.
- 절대적인 해결책이란 존재하지 않는다. 모든 것은 상황적이다.

출처 : 중앙일보 석철진

## 빌게이츠(William H. Gates)는 누구인가?

1955년 빌 게이츠는 유복한 가정에서 태어났다. 증조부는 시애틀은행인 내셔널시티뱅크의 설립자이며, 아버지 윌리엄 게이츠 2세는 변호사로 시애틀 최고 법률회사를 운영하는 변호사협회 회장이었다. 그의 어머니 또한 시애틀 은행가 가문

출신의 교사였다. 어린 빌게이츠는 명석하고 스스로 하겠다고 결심하는 일에는 최선을 다하는 아이였다. 빌게이츠가 다니던 시애틀의 영재학교 레이크사이드에서 학교 학부모들이 모은 기금으로 시작된 컴퓨터 교육은 그의 인생을 바꾸어 놓았고, 그 소년은 자라 개인용 컴퓨터 역사에 한 획을 그은 마이크로소프트사의 CEO로 성장했다.

학창 시절 빌게이츠는 한때 컴퓨터에 매료되어 학업과 과제를 소홀히 하고 컴퓨터에만 매달렸다. 빌게이츠는 레이크사이트 학창시절 제일가는 컴퓨터의 일인자가 되었고, 몇 년 후 14세에 수학과 논리를 바탕으로 한 소프트웨어프로그램을 만들었다. 빌게이츠는 컴퓨터에 관해 전문적이었고, 컴퓨터를 통해 미래를 예측했다.

1973년 하버드 대학 법학과에 입학해 수학과로 전과했다. 그는 대학 생활 중 최초 컴퓨터 프로그래밍 언어인 BASIC을 개발했다. 이를 계기로 폴 알렌과 함께 설립한 마이크로소프트사에 보다 전력하기 위해 대학을 중퇴했다.

빌게이츠가 1인 1컴퓨터 소유의 시대를 꿈꾸며 소프트 개발 사업에 초점을 맞춘 것은 운 좋은 행운아였기 때문이 아니다. 그의 예지력은 축척된 지식에서 발휘되는 전문성에 의한 결과였다. 빌게이츠는 나이는 어렸지만 그의 능력은 이미 전문가 이상이었다. 컴퓨터를 잘 알고 이해하며 미래에 컴퓨터 활용 능력을 예측할 수 있었던 빌게이츠가 소프트웨어프로그램에 총력을 기울인 것은 선견지명이었다. 컴퓨터 사용자들은 컴퓨터 사용이 더 쉽고 편리해지기 바랐지만 자신들이 무엇을 원하는지를 명확히 알지 못했다.

마이크로소프트사는 이러한 사용자의 욕구를 받아들였다. 마이크로소프트사는 GUI(Graphic User Interface)를 설치 컴퓨터에 내장함으로써 단어, 그림, 아이콘 등으로 컴퓨터 사용을 용이하게 만들었고 '마우스'와 '윈도우'의 설치로 사용자들에게 컴퓨터의 친화력과 효율성을 극대화하여 사용자들의 욕구를 충족시켜주었다. 마이크로소프트사가 개발한 컴퓨터 시리즈, MP시리즈와 DMB 제품도 전문화된 소프트웨어의 활용에 의한 미래 생활에 대한 예지력에서 출발한 상품 개발이다. 이러한 상품의 개발은 소비자들의 삶의 질을 향상 시켰을 뿐 아니라 빌게이츠에게 막대한 부를 가져다주는 황금을 낳는 거위가 되었다.

빌게이츠는 자신의 부를 '빌 앤 메린다 게이츠 재단'이라는 자선 단체를 통해 사회에 환원하여 교육, 인구문제, 기술발전 문제 등에 관심을 갖고 활동함으로써 또 한 번 사회적 리더의 모습을 보여주었다.

## 추진력으로 세계의 소프트웨어를 리드하다.

1975년 회사 창설 당시 빌게이츠는 매일 '모든 책상, 모든 가정에 컴퓨터를'이라는 비전을 꿈꾸며 일했다. 그 당시의 기술이나 상황으로는 덩치 큰 컴퓨터 기기를 한 가정에 한 대씩 소유한다는 생각은 실현되지 못할 꿈처럼 여겨졌다. 그러나 그는 자신의 꿈을 실현시키는 데 있어 매우 열정적이었다.

개인 생활에 초점을 두기보다는 자신이 하고자 하는 목표에 초점을 두고 매진하는 일 중독자였다. 빌게이츠가 20대일 때, 일에 대한 그의 왕성한 욕구는 부정적인 영향을 끼칠 때도 있었다. 그는 급하고 참을성이 없는 성격에, 상대방의 잘못을 맹렬히 비난하며 일을 하도록 몰아 부치는 공격적 성향을 가지고 있었다. 마이크로소프트사의 직원들은 그를 이해할 수 없었다. 그러나 빌게이츠의 목표를 향한 공격성은 집중력과 열정으로 그의 사업에 추진력을 주는 원동력이었고, 승부욕과 성취욕으로 전이되었다. 그의 공격적 성향이 긍정적인 반응으로 표출된 점이다. 시간이 흐르고 빌게이츠가 조금 더 성숙한 리더가 되었을 때 그는 자신의 의욕을 공격성으로 표출하기 보다는 직원들 사기진작을 할 수 있는 보상과 자유롭고 최상의 대우를 통해 그들을 이끄는 노련함을 갖추었다. 그러나 빌게이츠 스스로는 24시간 일에 빠져 새벽 두 세 시까지 일을 손에서 놓지 않았다.

빌게이츠는 2008년 7월에 마이크로소프트사의 CEO 자리를 떠나는 날까지 스스로 자신의 목표를 위해 열심히 일하는 의욕 넘치는 CEO이였다.

## 빌게이츠는 뛰어난 사업 수완가

빌게이츠의 천재성은 소프트웨어 개발에 머무르지 않았다. 그는 소프트웨어란 누구나 함께 공유하는 것이라는 일반적인 생각을 과감히 바꾸어, 프로그램이 상품이 될 수 있다는 발상의 전환을 이룸으로써 마이크로소프트사의 경영의 시조가 되었다.

그의 경영능력은 어려서부터 경제와 경영에 대한 다독을 통해 길렀고, 어린 나이에 회사를 설립을 하고, 거래를 통해 경영방법을 체득했다. 성장한 빌게이츠는 완벽한 성격의 소유자가 되기를 원했다. 회사 설립과 특허출원 등 경영 일선에서 부딪히는 법률문제까지 꼼꼼하게 챙겼다. 그는 더 이상 유능한 프로그래머에 머물지 않고 경영인으로 성장했다.

## TIP

- 인생은 공평하지 않다는 것을 명심하라.
- 적응한 자만이 경쟁에서 살아남는다.
- 적극적인 자세를 취하라.
- 자신의 단점을 극복하라.
- 결과가 실망스러워도 빨리 극복하라.
- 인격이 성공의 밑거름임을 기억하라.
- 성공은 자만심을 버릴 때 이루어진다.
- 성공은 노력의 산물이다.
- 자신의 창의성을 적시에 사용하라
- 지금 바로 행동하라.

「빌 게이츠의 미래로 가는 길」 中

## 아무리 뛰어난 인재도 혼자서 모든 것을 다 할 수 없다.

빌게이츠는 자신의 결함이나 자신에게 닥친 문제를 해결하기 위해서 자신 주위의 인재들을 통해 문제를 해결하는 방법을 알고 있었다.

아무리 많은 열정과 능력을 소유했더라도 한 사람의 경영인이 큰 사업체를 이끌어 간다는 것은 그리 쉬운 일이 아니다. 빌게이츠는 하버드 대학 시절의 친구 스티브 발머(Steven Ballmer)의 능력이 필요했다. 발머는 강한 추진력과 함께 시간을 다투어 내 놓을 신상품 개발의 의지도 강했으며, 쇼맨십까지 갖추었던 친구였다. 그는 빌게이츠의 뒤를 이을 경영인으로 단계를 밟고 있었던 것이다.

빌게이츠의 능력과는 별개로 다른 사람의 힘을 필요로 하는 때도 있었다. 1979년 빌게이츠의 나이는 23세였지만 그의 외모는 17세의 청소년의 인상이었다. 빌게이츠는 협력 업체에게 너무 어려보이는 경영인의 외모로는 신뢰를 줄 수 없음을 직시하고 당시 34세의 스티브 스미스를 마케팅 이사로 영입하였다. 스티븐 스미스는 빌게이츠의 기대를 저버리지 않고 개인용 컴퓨터의 시대를 열고자 하는 IBM사에 컴퓨터 언어를 공급할 수 있도록 발판을 마련했다.

빌게이츠는 자신의 능력의 계발 뿐 아니라, 타인의 능력을 이용하여 자신의 조직에 긍정적인 힘을 발휘할 수 있도록 하는 리더가 되었다.

### 자신의 부를 사회에 환원하는 자선 사업가를 꿈꾸다.

빌게이츠 회장은 자선사업가로도 알려져 있다. 그는 '빌 앤 메린다 게이츠 재단' (Bill & Melinda Gates Foundation)을 만들어 전 세계의 교육과 의료 사업에 집중적인 지원을 하고 있다. 그가 40세가 되던 해 공식석상에서 앞으로 10년 후 자신의 재산 중 5%를 자식에게 유산으로 남길 것이며, 나머지는 사회에 기부할 것을 약속했었다. 사람들은 자신의 말을 실천하고 있는 빌게이츠를 존경한다.

그가 32년 만에 받게 된 하버드대의 졸업장 수여의 자리를 빌어 했던 연설을 통해 2008년 그가 마이크로소프트사 은퇴 후 절망에 빠진 수백만 명의 사람들에게 내려진 건강과 부와 기회의 불균형을 바로 잡고자 또 다른 길을 걷게 되리라 짐작할 수 있다.

언젠가 부시 대통령이 경기 부양을 명분으로 상속세를 폐지하자는 건의를 하자 빌게이츠는 상속세 폐지에 반대했다. 상속세 폐지는 빌게이츠처럼 많은 재산을 가족에게 물려줄 수 있는 자신에게 유리한 입장임에도 불구하고 '부의 배분원칙에 위반 된다.'는 명목으로 상속세 폐지 반대라는 그의 소신을 피력했다. 사람들은 빌게이츠의 사회적 양심에 손들어 경의를 표시했고, 그것이 진정한 리더의 자세를 보여준 것이라 평가했다. 그는 더 이상 소프트웨어 프로그래머나 경영인에 머무르지 않을 것이다. 이제 그가 말하던 세계의 불평등에 대한 인지로 건강과 부와 기회 균등을 바로 잡을 수 있는 자선사업가로 자리매김할 것이다.

## 빌 게이츠가 제시하는 '디지털 경영' 비법 12가지

- E메일을 통해 기업 내 커뮤니케이션의 속도를 높여라.
- 중요한 경영 및 마케팅 자료를 온라인으로 소통시켜라. 정보 공유가 빨라진다.
- 기계적인 업무는 자동화하라. 직원들이 자유롭게 생각할 수 있는 조건을 만들어라
- 디지털-온라인 기술을 이용해 가상조직(Virtual Team)을 운영, 종이문서로 진행되는 모든 업무 과정을 디지털화하라.
- 모든 업무가 연관되어 더 나은 부가가치를 창출할 수 있도록 디지털 도구를 활용하라.
- 온라인 등 디지털 도구를 활용, 제품이나 서비스에 대한 피드백 속도를 높여라.
- 고객의 불만이나 요구 사항이 즉각적으로 전달되도록 디지털시스템을 이용하라.
- 새로운 차원의 고객 서비스를 위해 디지털 기술을 적극 활용하라.
- 모든 기업경영 과정을 '바로 지금' (Just-In-Time) 진행될 수 있도록 전환하라.
- 온라인-디지털 기술을 활용, 중매인(仲買人)을 없애라.
- 고객 스스로 문제를 해결할 수 있도록 다양한 디지털 도구들을 활용하라.

memo

# 손정의

**마이크로소프트사를 능가한 세계 최고의 부자**

리더십 키워드

> 나는 도전정신이 100% 연소되지 못한 제 자신을 가장 싫어하고 꿈에 도전할 때 제가 가진 모든 것을 불사르고 전력투구할 때 가장 행복합니다. 성공과 실패는 결과에 불과하고 비즈니스는 확률의 세계입니다. 따라서 중요한 것은 일에 임하는 자세입니다."

손정의는 일제시대 탄광 노무자의 손자로 1957년 태어났다. 현재는 소프트뱅크(대표이사 회장)이며, 미국 UC 버클리 대학을 졸업했다. 1981년 '주식회사 일본 소프트뱅크'를 설립한 후 포털사이트 '야후재팬' 운영으로 사업 기반을 마련하여 큰 돈을 벌기 시작하고 1999년 미국 비즈니스위크지 인터넷 시대를 주도하는 25인에 선정되기도 한다. 이후 도전과 공격적 투자로 사업을 확장해 나갔고 2006년 미국 경제주간지 '포브스'가 발표한 '일본 부호 40인' 가운데 자산 총액 70억 달러(약 6조 5000억 원)로 1위를 차지한 한국인 손정의가 되었다.

## 손정의는 누구인가?

손정의는 1957년 8월 11일 일본 사가현 도스시에서 한국인 부모에게서 태어났다. 그의 할아버지는 일제시대 일본으로 밀항하여 규수에서 탄광 노동자로 일했고, 부모님은 음식점 사업으로 동네에서는 유지라는 소리를 들을 정도로 부를 축적한 분이었다. 부러울 것 없는 삶이었지만 그는 어느 날 유치원에서 집으로 돌아오는 길에 충격적인 사건을 접한다.

"야, 이 조센징아!"

같은 유치원에 다니던 아이가 그에게 야유를 퍼부으며 돌을 던진 것이다. 돌에 맞은 그의 머리에서는 피가 흘렀다. 그는 'Why me?'라고 자신에게 물었다. 자신이 한국 사람이기 때문에 받는 차별을 도저히 이해할 수 없었다. 그리고 이때부터 그는 일본에서 인정받으려면 반드시 일등을 해야 한다고 생각하게 되었고 중 3때 '로마(사카 모토 로마·막부말기 혁명가)가 간다'라는 책을 읽으며 자신의 비전을 구체화 했다. 그는 19세 때 20세에는 한 분야에 전력투구하면서 존재를 부각시키고, 30세에는 1억 달러의 자산을 모을 수 있다면 사업을 시작하겠다는 다짐을 했다. 그리고 40세에 주력사업의 분야를 하나로 좁히고 중점화시킨 후 그 분야의 일인자가 되었으며 1천명 이상의 직원을 둔 기업으로 성장시킨다.

## 리더에게 실천만큼 중요한 것은 없다

1981년 9월 손정의는 '주식회사 일본 소프트 뱅크'를 창업하며 인터넷 포털 사이트 '야후 저팬(Japan)' 운영 등으로 사업 기반을 마련하고 큰 돈을 벌기 시작한다. 그리고 1990년 세계화에 발맞춘 글로벌 사업전개 방침을 발표하면서 현재의 '소프트뱅크'로 바뀌었다. 1980년 일본과 미국에서 PC 시장이 확대되던 시기로 8비트 PC를 개발되던 때에 손정의는 인텔사가 만든 칩의 확대사진이 실린 특집 기사를 보게 된다. 그리고 이 기사를 본 다른 한 사람이 빌게이츠였다. 당시 손정의는 UC버클리 대학에, 빌 게이츠는 하버드대학에 재학 중이었다. 손정의는 이 기사를 보고 "나도 무언가 해야겠다는 생각에 손발이 떨릴 정도로 흥분했던 기억이 난다"라고 회상한다. 그리고 그는 일본 최고 거부에 명단을 올린다. 그의 명단에 자산 총액 70억불이라는 수식어가 붙는 거부가 되었다.

### 손정의가 말하는 리더가 되는 4가지 태도

통찰력 : 시대의 흐름을 읽어라. 이것은 끊임없는 학습을 통해 이루어진다.

추진력 : 일에 대한 열정을 가지고 진행하라

신념 : 자신이 하는 일에 대해서 신념을 가져라

도전 : 포기하지 말고 타인의 비판에 에너지를 낭비하지 말아라

memo

# 스티브 잡스(Steven Paul Jobs)

I.T산업의 미래를 열어가는 스티븐 잡스

리더십 키워드

- 경영은 특성화와 차별화,
- 자신의 가장 잘 할 수 있는 분야를 강화하라.
- 새로운 것에 도전하고 절대 포기하지 마라.
- 고객과 소비자 눈높이에 맞춰라.

"저는 세상에서 제일 뛰어난 인재들과 일하고 있습니다. 애플은 '팀 스포츠'로 움직입니다."

- 비즈니스위크紙 인터뷰

애플의 CEO. 현재 컴퓨터 산업과 엔터테인먼트 산업에서 손꼽히는 인물 중에 한 사람이다. 그는 1976년 스티브 워즈니악, 로널드 웨인과 함께 애플을 공동 창업했다.

"돈은 문제가 아니다. 문제는 당신이 이끄는 사람들이고, 그들에게서 무엇을 이끌어 낼 것인가 하는 것이다."

- 비즈니스위크紙 와의 인터뷰 中(1998)-

## 스티브 잡스는 누구인가?

스티브 잡스(Steven Paul Jobs)는 현재 애플사의 최고 경영자이자, 애플의 설립자이며 그는 현재 컴퓨터와 엔터테인먼트 업계에서 가장 중요한 인물 가운데 손꼽히는 사람이다. 2006년 보스턴컨설팅그룹(BCG)이 전 세계 1500개 글로벌 기업 CEO를 대상으로 조사한 결과, 가장 혁신적 기업가로 2년 연속 선정되었으며, 잭 웰치 회장을 넘어 21세기 최고의 기업가로 인정받고 있다.

"다르게 생각하라" 그리고 네가 좋아하는 일을 찾아라!"
(I do what I love to do).

그는 1955년 2월 24일에 어느 대학생의 미혼모의 아들로 태어나 고등학교 밖에 나오지 않은 평범한 고졸 노동자 가정에 입양되어 미국 캘리포니아주 팔로알토에서 유년시절을 보냈다.

엔지니어 출신의 양아버지 덕택에 기계에 대한 흥미가 남달랐던 잡스는 매일 라디오나 냉장고, 심지어는 자동차까지 뜯어보며 확인을 해봐야만 직성이 풀리는 호기심 많은 아동기 시절을 보냈다. 친구의 라디오를 뜯었다가 못쓰게 만드는가 하면 양아버지의 자동차를 망가뜨리는 등 늘 말썽을 피웠지만, 잡스의 양부모는 그의 재능을 인정하고 물심양면으로 뒷바라지해 주었다.

그러던 그에게 1967년 HP사 견학은 인생의 진로를 결정하게 만드는 결정적인 계기가 되었다. 그때부터 온통 잡스는 컴퓨터에 대한 생각뿐이었다. 또한 버클리 대학의 스티브 워즈니악을 만나게 되면서 서로 공동연구에 몰입하게 되었다.

1972년 잡스는 오리건주의 포틀랜드에 있는 리드 대학에 진학하였다. 하지만 한 학기 만에 학업을 포기하고 자신이 관심 있는 서체 공부를 계속했고, 결국 컴퓨터에 멋진 글씨체를 만들게 되었다. 이것이 후에 매킨토시 컴퓨터 서체의 바탕이 되었던 것이다.

## 그의 업적

1976년 21살 나이에 1300달러를 가지고 부모님의 차고에서 스티브 워즈니악, 로널드 웨인과 함께 애플을 공동 창업하고 1977년 애플 Ⅱ를 개발하여 개인용 컴퓨터를 대중화하였다. 그리하여 스티브 잡스는 스물다섯이라는 젊은 나이에 포브스(Forbes)지가 선정한 400대 거물 명단에 포함되기도 했다.

그러나 스티브 잡스는 오래 지나지 않아 처절한 실패를 맛보게 된다. 애플 Ⅲ와 리사의 실패, 매킨토시 128K의 판매부진으로 애플의 자금 손실에 대한 책임을 물어 애플에서 쫓겨

나고 만다. 자신이 만든 회사에서 해고를 당한 잡스는 그때의 심정을 한 대학교의 졸업식 축사에서 이렇게 표현하였다.

"애플에서 해고된 것은 최고의 일이었습니다.

성공에 대한 중압감을 벗어 던지고 초심자의 가벼운 마음으로 돌아갈 수 있었으니까요. 모든 것이 불확실했지만 내 인생의 또 다른 전기를 마련해 주는 기회가 되었습니다."

## 아이팟의 탄생

애플로 되돌아온 스티브 잡스는 크게 달라져 있었다. 그는 모든 혁신의 중심에 디자인을 두고 이를 위해 전문가에게 디자인 개발에 전폭적인 지원을 아끼지 않았다. 그 뒤 애플은 어떤 기업보다도 차별화되고 매력적인 디자인의 제품들을 시장에 내놓으며 연달아 대성공을 거두었다.

현재 스티브 잡스는 캘리포니아 팔로알토에서 아내와 세 아이들과 함께 살고 있다. 그는 검정 티셔츠와 청바지를 즐겨 입으며 편한 복장으로 다니기를 좋아하고, 대부분의 시간을 그가 맡고 있는 두 회사의 경영에 투자한다.

## 스티브 잡스 리더십

### 창조적인 비전 제시형 리더

많은 경영 전문가들은 스티브 잡스를 21세기 최고의 기업가, 경영인으로 칭송하고 있다. 그는 미래상을 제시하고, 끊임없이 도전하는 창조적인 비전 제시형 리더이다.

스티브 잡스는 높은 이상을 내걸고 이를 위해 함께 동참할 동료들을 만난다. 새로운 아이디어가 떠오르면 핵심이 되는 엔지니어와 함께 산책을 나간다. 때로는 회사의 주변을 몇 번씩 돌면서 끈질기게 비전을 설명해 상대방에게 자신의 비전에 대한 의욕을 불어넣는다고 한다.

### 목표에 대한 집중력과 추진력

기성 체제에 얽매이지 않고, 이루고자 하는 꿈에 매달리는 잡스는 목표에 대한 집중력이 뛰어났다. 그는 직원들에게 끊임없이 '다르게 생각하라', '미칠 정도로 멋진 제품을 창조하라', '즐기며 일하자'라고 늘 강조하는 리더이다.

## 실패를 두려워하지 않은 도전

스티브 잡스는 매킨토시 개발 이후 수많은 실패에 직면했다. 애플을 떠난 후 야심차게 내놓은 넥스트 역시 판매 부진을 면치 못하자 그는 하드웨어 사업을 포기하기에 이르렀다. 픽사에서도 하드웨어 사업을 하지만 역시 실패로 끝났다. 그러나 그는 이러한 실패에 좌절하지 않고 끊임없이 도전했다.

## 발상의 전환

1980년대 경쟁사들은 비용절감이나 가격대비 성능을 높이는 일에만 몰두하고 있을 때, 그는 거꾸로 생각하고 행동하였다. IBM을 비롯한 대부분의 컴퓨터는 검정색 화면에 흰색 글자를 사용했지만, 잡스는 반대로 흰색 바탕화면에 검은 글자가 뜨도록 만들었다. 이러한 발상의 전환으로 그는 컴퓨터의 살아있는 신화로 불리고 있는 것이다.

## 사람을 이끄는 능력

잡스는 직접 300명이나 되는 직원들의 e메일 주소를 전부 암기할 만큼 섬세하다. 또한 사다리식 결재라인을 싫어해 직원들과 직접 소통한다. 일을 할 때도 직원들과 보조를 맞춰 함께 전진한다. 애플의 개발팀은 1주일에 90시간을 신나게 일한다. "단순한 제품을 넘어 시대를 상징하는 아이콘을 만들자"는 잡스의 비전이 직원들을 사로잡았기 때문이다. 그는 효과적인 프로젝트 관리와 더불어 직원들의 창조성을 이끌어 내는 능력이 있다. 애플이 거대기업으로 성장한 지금도 이런 정신으로 유지하고 있다는 것은 그의 리더십이 기여한 바가 크다고 하겠다.

## 창조적 사고

스티브 잡스의 삶을 돌이켜보면, 그는 언제나 남들이 가지 않는 길을 남들보다 한 발 앞서 걸었다. 때로는 너무 앞서 나가서 실패를 맛보기도 했지만, 그는 절대로 굴하지 않고 언제나 미래에 초점을 맞추고 나갔다. 애플 컴퓨터로 아무도 상상하지 못했던 개인용 컴퓨터 시장이라는 시장을, '토이스토리'로 그 성공을 예측하지 못했던 3D 애니메이션 시장을, 아이팟과 아이튠즈로 MP3 플레이어 시장을 개척하고 지금도 또 다른 새로운 블루오션 시장을 찾아 항해를 계속 하고 있는, 새로운 것에 끊임없이 도전하는 창의적 리더이다.

memo

# 월트 디즈니 (Watt Disney)

**말하는 생쥐 미키마우스로 세계 어린이의 꿈의 세상을**

리더십 키워드

"꿈을 실현하는 비결을 알고 있는 사람이 정복할 수 없는 것은 없다." 이 비법은 호기심(curiosity), 자신감(confidence), 일관성 또는 불변성(constancy), 용기(courage), 즉 4C로 요약할 수 있다. 이 중 가장 중요한 것은 자신감이다.

## 월트디즈니(Watt Disney)는 누구인가?

월트 디즈니는 1901년 12월 5일 일리노이 주 시카고에서 태어나 세계 어린이들의 친구인 미키마우스를 만들고 놀이동산의 본 고장 디즈니랜드를 설립했다. 미조리주 마르 셀린 근처 농장에서 자라난 월트의 아버지는 중서부 지방에서 사업도 하고 농사도 지었으나 그렇게 성공하지는 않았다. 이런 월트가 미술에 관심을 갖고 소질을 보인 것은 7살 때 처음으로 자신의 그림을 이웃들에게 팔면서부터였다. 월트는 1918년 가을 군대에 자원했으나 나이가 어리다는 이유로 거절당하자 적십자에 가입하여 외국으로 나갔다. 그는 그곳에서 1년간 병원 구급차를 몰기도 하고, 적십자 고위 간부들의 운전사로 일을 하기도 했다. 그의 이런 삶의 경험은 후에 작품의 소재가 된다. 그리고 전쟁 후 캔자스시티(Kansas City)로 돌아와 광고 만화가 일을 하면서 경력을 쌓아나갔다. 1920년 그는 자신의 첫 번째 원작 애니메이션을 만들었으나 실패를 하면서 영화와 애니메이션을 결합하는 새로운 방법을 완성시키기 위해 연구를 했다. 1923년 21살의 나이로 삼촌에게 빌린 40달러로 실사영화와 애니메이션이 결합된 영화로 헐리우드에 진출하나 실패한다. 그리고 2년 후 월트는 자신의 첫 번째 직원 중 한명인 릴리안 바운즈(Lillian Bounds)와 결혼하여 두 명의 딸 다이엔과 샤론을 낳는다. 그 후 1928년 세계 최초의 유성 애니메이션(증기선 윌리-Staeamboat Willie)을 통해 미키마우스는 영화계에 데뷔하게 된다.

## 상상력을 통한 창조는 자신의 경험에서 찾았다.

디즈니는 꿈을 실현시키는 비전의 이상을 가지고 사업의 세계를 만들었다. 그는 캔자스시티에서 개구쟁이로 성장할 때 읽었던 마크 트웨인(Mark Twain)의 소설을 소재로 삼기도 했고, 제1차 세계대전 동안 앰뷸런스 운전기사로 일하면서 유럽의 많은 성(城)을 둘러본 경험을 소재로 삼기도 했다. 월트 디즈니는 성장과정에서 얻은 모든 경험을 자신의 아이디어로 삼았다.

성공하려면 남과 다른 나만의 개성을 가져야 한다.

그의 상상력 속에는 이야기하는 생쥐, 나는 코끼리, 갓난 아기의 웃음소리까지도 담아내고 있다. 결국 이런 상상이 월트로 하여금 생전에 그렇게 유명한 회사를 만들 수 있게 하였다. 20여종의 캐릭터가 매력적인 만화 주인공이 되어 회사를 성공하게 만들어주었다. 그러나 그의 1923년 첫 번째 도전은 파산으로 끝이 났다. 캔자스시티에 스튜디오를 차린 월트는 실패에 굴복하지 않고 지방극장 선전을 위한 연재만화와 이발소 광고판을 그리는 일을 하면서 자신의 꿈을 끊임없이 추구했다. 그리고 그가 할리우드를 향해 단돈 40달라를 가지고 도전한 나이가 21살이었다.

> 우리는 앞으로 계속해서 목표를 향해 전진하며, 새로운 일에 도전한다. 우리에겐 호기심이 있기 때문이다. 호기심은 계속해서 새로운 길로 우리를 인도한다.
>
> -월트 디즈니

1955년 월트의 꿈이 한데 모아진 디즈니랜드가 캘리포니아에 개장되어 전 세계 대통령, 귀빈, 여왕을 포함 2억 5천만 명이 넘는 사람들이 즐겁고 행복한 시간을 보냈다. 또한 TV

프로그램에서도 선구자 역할을 하게 되는데 1954년부터 TV전용 프로그램 제작을 하여 1961년 최초로 총 천연색으로 된 프로그램을 선보인다. 그는 미국 도시 생활의 질적 향상을 위해 미래의 실험적 원형 공동체(Experimental Prototype Community of Tomorrow)를 포함한 완전히 새로운 디즈니 월드 계획을 수립하여 1982년 10월 1일, 그 일부분인 에코트센터를 개장했다.

1966년 12월 15일, 43년간의 세월을 뒤로한 채 월트는 죽음을 맞이한다. 세상에서 가장 풍부한 상상력의 소유자 중의 한 사람이며 혁신가 이면서 아이들의 놀이문화와 에니메이션의 선구자였던 그는 그의 직원들과 함께 전 세계 각국으로부터 일생동안 48개의 아카데미상과 7개의 에미상을 포함 950개가 넘는 훈장과 표창장을 받았다.

출처 : http://www.disney.co.kr/

memo

# 이건희

**'신 경영 창조'로 세계 1위를 꿈꾸는 삼성 CEO 이건희**

## 리더십 키워드

"21세기 세계 초일류 기업을 위해 사고방식 · 의식구조 · 일 하는 방법을 혁신하자."

-1993년 6월 7일에 '프랑크푸르트 선언' 中-

" 아내와 자식만 빼고 모든 것을 다 바꿔라."

"21세기는 단순히 상품만 만들어 파는 시대가 아니라 창의력과 아이디어, 정보를 모아서 새로운 가치를 만드는 시대이다."

이건희

이건희는 1942년 삼성그룹 창업자 고 이병철회장의 삼남으로 경남 의령에서 출생했다. 그는 한국, 일본, 미국에서 학업을 쌓았다. 1968년 동양방송과 중앙일보의 이사를 거쳐 삼성그룹의 후계자로서 모습을 갖추기 시작했다. 선친 이병철의 타계로 삼성의 최고 경영자CEO가 되자 그는 제2창업 선인, 신경영 선언, 창조경영을 주창하여 비약적인 삼성발전을 이룩했다. 삼성은 대한민국 전 수출의 21%를 차지하는 국가경제에 중대한 역할을 담당하고 있다. 이건희는 방대한 독서와 사색, 다각적인 사고에서 나오는 미래지향적 통찰력으로 삼성그룹을 성장시키는 초석의 역할을 하였다.

## 이건희는 누구인가

이건희는 부친의 사업과 6.25전쟁으로 여러 차례 학교를 옮겼다. 어린 이건희는 서울대학교 사범대학 부속초등학교를 떠나 형과 함께 일본에서 자취를 하며 초등학교 2년의 과정과 중등 1학년 과정을 마쳤고, 나머지 중고교 시절을 한국에서 지냈다. 청년이 된 이건희는 와세다대학교의 상대 경제학부를 거쳐 조지워싱턴대학교 경영대학원 MBA과정을 수료한 뒤, 삼성에 몸담고 일을 배워나갔다.

이건희는 1966년 동양방송 입사를 시작으로 중앙일보, 동양방송 이사, 삼성물산주식회사 부회장, 중앙일보 이사, 삼성그룹 부회장으로 두루 자리를 옮겨 다니며 일을 배웠다. 이건희는 선친 이병철 회장으로부터 아버지의 수행원으로서 그림자처럼 따라 다니며 20년 넘게 부친을 지켜보는 것으로 경영 수업을 받았다. 선친 이병철 회장은 하나하나 가르쳐 알게 하기보다는 설명이나 가르침 없이 "자네가 직접 해 보게" 하며 일을 주고 스스로 배우게 하는 케이스스터디(case study)를 중요시 하였다. 이건희는 부친의 어깨 너머로 기업정신, 경영스타일, 경영안목, 노력, 끈기와 집념…삼성 경영을 위한 모든 것을 하나하나 배웠고, 그것을 자신의 경영스타일로 구축했다.

이건희가 자신의 인생과 경영에 영향을 끼친 스승으로 꼽은 두 사람이 있다. 한분은 선친 이병철이고, 또 한 분은 자신이 선친의 수행을 하던 시절 늘 같이 회의에 참석해 조언과 격려를 아끼지 않았던 사돈 홍진기 회장을 꼽는다. 이건희는 아버지와 장인의 연륜에서 우러나는 경영의 지혜를 배웠다. 1987년 부친 이병철 회장의 별세 후, 이건희는 삼성그룹의 회장이 되었다.

삼성의 CEO로서 이건희는 선친의 뜻을 이어 1988년 제2창업을 선언하고 삼성의 발걸음을 조금씩 빨리했다. 제2창업정신의 핵심은 기술 중시, 인간존중, 자율경영으로 삼성에 변화를 일으키고자 했다. 또 1993년에는 독일 프랑크푸르트에서 '신경영'을 선포하고 삼성의 개혁에 힘을 가하여 오늘날의 삼성으로 거듭났다. 신경영 10년 후 매출 4배 증가, 이익 66배 증가라는 놀라운 변화를 일으켰다. 이제 삼성그룹은 대한민국을 대표하는 기업이 되었고, 기업 성장과정에서의 아픔과 사회적 우려도 있었건만 한국을 대표하는 CEO 이건희로 자리매김 하였다.

## 성공 리더를 위한 성공 리더의 3원칙

이건희는 선친 이병철 회장으로부터 급변하는 사회와 환경의 변화에 적응하는 움직임을 뜻하는 운(運), 고객과 연계 사업자 간의 신뢰를 얻을 때까지 흔들리지 않고 버틸 수 있는 끈기를 가질 수 있는 집념이 되는 근(根), 눈앞에 보이는 작은 이익에 현혹되지 않고 원칙을 지키고 잔꾀를 부리지 않는 둔(鈍)의 3가지가 성공을 위한 기본 자세라는 가르침을 받았다. 출처 (이규성. 2007년 밀리언하우스.)

## 초심 잃지 않는 본질경영

기업을 이끌며 예상치 못했던 문제에 직면하게 될 때 초심을 잃지 않아야 한다. 당면한 문제의 승패에 흔들리면 미래는 없다. '왜 이 사업을 하려 했던가?' 항상 '왜'라는 질문에 스스로 답하며 본질을 잃지 않으려는 정신이 있어야 호황과 불황에 대처하며 그 다음을 생각할 수 있게 되는 것이다. 이건희 회장은 삼성이 호황을 누리는 때에도 안주하지 않고 삼성의 10년 후를 생각한다.

이건희 회장의 경영철학은 미래지향적 초심을 잃지 않는 본질 경영에 있다. 눈앞의 이익이 아무리 크다 하더라도 10년 후, 또 그 이상을 내다보며 경영자가 본질과 중심을 잃지 않고 기업의 미래전략을 구상하도록 한다. 또한 초심을 잃지 않는 본질경영은 기업을 거시적 관점으로 바라보고 객관화할 수 있으며 리더로서 방향성을 잃지 않는 나침반의 역할을 하게 되는 것이다.

## 경청은 경영의 시작이다.

"사장이라도 모르는 것은 물어 봐야 한다. 그렇게 2~3년 후가 되면 물어 보는 횟수가 줄어들 것이 아니겠는가? 삼성은 나 혼자 경영하는 것이 아니라, 삼성 전체가 오랜 경험을 살려서 움직여 나가는 것이다."

- 1983년 6월 반도체 회의 중.

이건희는 선임자의 체험이나 전문가, 기술자들의 견해를 중요시하여 문제 해결 방법을 모색했다. 이건희는 본인이 직접 진두 지휘를 하며 일하던 선친 이병철 회장과는 다르다. 큰 틀의 비전을 제시하고 상대의 이야기를 들으며 방향성을 점검하는 그는 무언의 카리스마를 느끼게 한다.

이건희의 "경청은 말하는 사람에 대한 존중과 관심이며, 포용심을 내포한다."라고 말한다.

## 신용이 우선이다.

• 삼성은 누구의 힘으로 발전하는가

이건희는 경영전략에 의해 삼성이 진보하는 것이 아니라,

고객에 의한 구매가 삼성을 키워 나가는 근원인 것을 알고 신용을 중요시 했다. 신용을 잃지 않으려는 품질, 서비스, 약속 이행은 품질 개선이나 판매 전략보다 우선임을 강조했다. 아무리 좋은 품질을 낮은 가격으로 제공한다 해도 신용을 잃는다는 것은 삼성 발전의 걸림돌인 것이다.

- 이건희는 고객에 대한 삼성의 신용은 제품의 질에서 시작된다고 믿었다.

### 질 높은 제품과 감동적인 서비스는 신용을 낳는다

감동적인 서비스란 친절한 사원의 미소만을 의미하는 것이 아니라, 각 계열회사에 맞는 차별화된 삼성의 서비스 실행을 의미한다. 예를 들자면 삼성서울병원의 당일진료나 검사결과 원스톱 확인서비스, 호텔신라의 부재고객의 전화를 휴대전화로 자동 연결하는 시스템, 에버랜드의 동물사육 개념을 한층 높여 고객에게 감동을 주는 감성연출서비스, 삼성화재의 고객차량 텔레매틱스, SOS 장착서비스, 삼성생명의 보험품질보증 서비스, 삼성전자의 홈네트워크시스템 등 질 높은 다양한 방법의 질 높은 고객서비스는 삼성 기업의 신뢰로 이어졌다.

## 삼성의 문화를 삼성의 제품에 담아라

제품이 경쟁력이 있으려면 기능이나 기술적인 우수성으로만 일등 상품이 되는 것이 아니다. 삼성의 제품이 일등 제품이 되려면 누구나 그 브랜드의 제품임을 알 수 있는 브랜드 고유의 디자인, 색상, 이미지를 갖도록 질 경영을 해야 하는 것이다. 삼성은 질을 높이기 위해서 디자인에 혁신이 필요하다는 생각이었다. 이건희는 디자인 혁신의 모델로 석굴암을 손꼽는다. 삼성제품의 디자인이 석굴암처럼 과학적 설계와 예술적 힘이 균형을 이룬 디자인을 본받아 명품의 이미지가 되어야 한다고 디자인의 힘을 강조했다. 과학적으로 채광, 습도를 조절하여 석굴암 보전을 염두에 두며, 그와 함께 예술의 힘이 어우러져 한국의 정서와 문화를 잘 담고 있는 석굴암은 디자인 경영의 모델인 것이다.

## 문화 경영을 통한 질적 경영을 하라

고객의 신뢰를 바탕으로 질 경영을 이룬 삼성은 명실공이 우리나라 최고의 기업으로 자리잡았다. 그러나 삼성은 이에 안주하지 않고 세계의 일등이 되는 데 목표를 두고 있다. 세계의 무대를 위한 도약은 질 경영을 한층 더 크고 포괄적인 시각으로 해석하여 삼성 브랜드의 질을 향상시키는 경영으로 눈을 돌렸다.

## 기업은 사람이다.

삼성은 창업 이래 인재제일, 인간존중의 전통을 실천했다.

삼성은 글로벌 일류 기업으로 도약하기 위한 핵심 원동력이 인재경영에 있음을 강조한다. 삼성은 인재를 기업의 원동력이라는 믿음으로 최고를 지향하고, 변화를 선도하며 정도를 걷고, 상생(falcompriest)을 추구한다. 삼성인재는 끝없는 아이디어를 창출할 수 있는 문제의식을 갖은 사람으로 적극적이고, 강한 실천력으로 굴곡을 이겨낼 수 있는 책임감과 동료의식이 강한 사람을 말한다. 거기에 한발 나아가 삼성은 전문성을 갖춘 다방면의 폭넓은 지식에서 오는 입체적 사고와 통찰력을 갖추고 미래를 내다 볼 수 있는 글로벌 형 인재를 원한다.

### 이건희의 인재론

- 창의성을 갖춰야 한다.
- 긍정적이어야 한다.
- 인간미가 있어야 한다.
- 말보다 행동이 먼저여야 한다.
- 도전정신을 갖춰야 한다.

## 포용을 바탕으로 한 인재경영을 펼쳐라

개인의 창의력이나 조직의 활성화는 적당한 자극으로 이끌어 낼 수 있다는 생각에서 상을 주고, 잘못에 대해서는 벌하기 보다는 용기를 북돋고 만회할 수 있는 기회도 함께 제공한다. 1997년 좌천되었다가 재신임된 전 일본 삼성 ○○○사장에게 이건희는 지난날의 좌천이 안 보이던 것을 볼 수 있고, 보이던 것이 안 보이는 경영인의 눈을 갖게 하는 담금질이었음을 넌지시 이야기하였다. 이건희는 선친 이병철이 인정하지 않았던 인재도, 이적하여 라이벌 회사에 근무를 하였던 인재까지도 삼성에 필요한 인재는 다시 삼성인으로 받아들이는 포용하는 인재경영 방식을 갖고 있다. 이러한 인재수용은 사원에게 우수인재이면 언제나 다시 삼성인이 될 수 있다는 기업의 신뢰를 주며, 더 열정적으로 일하게 되고, 외부에서 배운 기술의 수용까지 얻을 수 있다.

## 인재를 위해 아낌없이 투자하라.

이건희는 초일류기업이 되기 위해서는 우수한 인재와 이들의 재교육의 중요함을 인식했다. 삼성연수원을 삼성인력개발원으로 개편하여 연수시설을 확장하고, 종이교재 없이 교육할 수 있는 디지털형 학습 시스템을 구축하여 e-Learning 학습을 통해 스스로의 역량을 키워 나갈 수 있도록 하였다. 삼성은 R&D(research and Development)투자를 통해 삼성의 우수 인력을 해외연구소에 파견하여 미래기술의 현실화를 앞당기기 위해 인재에 투자한다. 이건희는 현대사회와 같이 미래의 변화를 예측하기 어려운 시대에 미래를 대비하는 가장 좋은 방법은 탁월한 인재를 조기에 발견, 육성하는 것이라고 생각한다. 천재육성론도 그 중 하나이며, 장학제도나 탁월한 인재를 위한 스폰서로 미래의 삼성인을 위한 투자를 게을리 하지 않는다.

## 삼성이 요구하는 리더가 갖추어야 할 7가지 조건

첫째: 리더는 자신의 사업의 핵심을 정확히 알고, 사원들과 공유할 수 있는지, 자신에게 요구하는 바가 무엇인지 명확하게 알고 있어야 한다. 이를 구체화하기 위해서는 비전 선언문으로 구체화하여 행동지침으로 삼아야 한다.

둘째: 리더는 비전과 목표를 제시할 수 있어야 한다. 진정한 비전의 이해는 미래의 비전을 제시하고 조직이 무엇을 해야 하는지 조직의 목표를 제시하여야 한다. 회사가 지향하는 가치와 구성원들이 중시하는 가치관이 일치하여야 한다.

셋째: 리더는 인재를 적재적소에 배치할 수 있어야 한다. 인재의 능력은 적재적소에서 발휘되는 것이다.

넷째: 리더는 솔선수범하는 사람이어야 한다. 조직 속에서 구성원들의 창조적 능력을 극대화하려면 리더의 솔선수범은 반드시 선행되어 부하들의 마음을 움직일 수 있어야 한다.

다섯째: 리더는 말과 행동이 일치해야 한다. 언행의 불일치는 조직 간의 신뢰를 떨어뜨리며 권위를 실추 시킨다. 리더의 권위가 실추되면 조직원들의 자발적인 참여와 창의성을 이끌 수 없다.

여섯째: 리더는 공과 사를 제대로 구분해야 한다.

일곱째: 리더는 스스로 책임질 수 있어야 한다. 자신의 과오를 남의 탓으로 돌리는 언행을 하는 리더는 부하 직원의 신망을 얻기 어렵다.

- 자신감을 높여라! 기가 살아야 운이 산다!
- 장사꾼이 되지 말라! 경영자가 되면 보는 것이 다르다!
- 한발만 앞서라! 모든 승부는 한발자국 차이다!!
- 서두르지 말라! 급히 먹은 밥은 체하기 마련이다!!
- 세상에 우연은 없다! 한번 맺은 인연을 소중히 하라!!
- 본전 생각을 하지 말라! 손해가 이익을 끌고 온다!!
- 작은 것 탐내다가 큰 것을 잃는다! 무엇이 큰 것인가를 판단하라!!
- 있을 때는 겸손하라! 그러나 없을 때는 당당하라!!
- 마음이 가난하면 가난을 못 벗는다! 마음에 풍요를 심어라!
- 남의 잘됨을 축복하라! 그 축복이 메아리처럼 나를 향해 돌아온다!

이건희 어록 중에서

memo

# 허브 켈러허(Herb Kelleher)

**사우스 웨스트 항공의 고객서비스 리더십**

사우스 웨스트 항공에서 추구하는 서비스의 의미가 무엇인지 잘 이해하는 고객들에게, 질 높은 서비스를 제공하고, 조직 내에 가족의식과 감정을 불어 넣어야 한다.

## 허브 켈러허(Herb Kelleher)는 누구인가

허브 켈러는 New York University에서 법학을 전공하고 동부 지역인 뉴저지에서 변호사를 하는 유머 있는 사람이었다. 그는 아내의 고향인 텍사스의 샌안토니오를 방문한 후 텍사스에 정착하게 되었다. 그 후에 롤린 킹이라는 고객을 만나서 얘기하던 중 단거리 출퇴근용 항공사에 대한 얘기를 듣고 사업을 시작하게 되었다.

처음에 사우스 웨스트는 텍사스 주 내의 댈러스, 휴스톤, 그리고 샌안토니오를 연결하는 데 주력했다. 댈러스의 러브필드에서 운항을 하면서 광고 주제를 '사랑(Love)'으로 정하고 사랑이라는 드링크와 땅콩을 제공했다. 그리고 회사의 주식 심벌도 'LUV'(사우스 웨스트 항공)로 정했다.(미국 증시에 LUV라는 심벌로 등록되어 있다.)

## 사우스 웨스트 항공의 서비스 리더십

사우스 웨스트 항공은 자동차 운행 비용과 비슷한 수준의 운임으로 단거리를 자주 이용하는 고객에게 높은 가치를 제공하는 서비스에 초점을 두었다. 이런 승객들에게 품질이 좋다는 것은 비행편이 자주 있고 정시에 도착한다는 말이다. 또한 항공사의 충성스러운 종업원들이 오랫동안 고객들을 익혀 티켓 창구에서 단골 고객의 이름을 기억하고 고객과의 친밀감과 고객의 입장에서의 품질을 높인다는 것을 의미한다. 사우스 웨스트 항공도 월마트 같이 기존의 정형적인 마케팅보다는 고객들과 친밀하고 지속적인 접촉으로 초점을 바꾸었다.

사우스 웨스트 항공은 고객이 종업원을 잘못 대할 때 고객에게 감정적으로 대하지 않는다. 사우스 웨스트 항공의 CEO 허브 캘러는 이렇게 말한다. "그런 고객을 만났을 때 우리는 당신이 우리 종업원들의 서비스의 불편을 건의함에 감사드리며 다시 만나기를 원합니다." 그는 고객의 서비스 만족과 직원들이 조직 구성원으로서 사우스 웨스트 항공에 대한 충성심을 지켜야 한다는 굳은 믿음을 얘기하는 것이다. 그는 사우스 웨스트 항공의 종업원에게 독설을 늘어놓았던 승객들에게 일일이 전화해서 서비스를 잘못함에 대한 진심으로 사과하고 회사가 고객을 위한 서비스를 위해 노력하고 있다는 뜻을 전한다.

사우스 웨스트 항공의 직원은 2만 4천명이 넘는데 그중 약 천명이 사내 결혼을 했다. 본사에는 일과 시간 이후 사교모임이나 파티 그리고 사장이 주도한 자선 활동 등 많은 시간들을 함께 보내는 모습을 담은 천여 장의 사진이 전시되어 있다. 직원들 간의 사교 모임들은 사우스 웨스트 항공에서 중요한 친밀감 형성의 행동이다.

본사에서 종업원들이 사무실을 분주하게 오가는 것은 밀린 업무나 개인적인 일을 처리하기 위한 움직임으로 보면 된다. 방문객들은 이들이 일하는 것이 봉급이나 직원으로서가 아니라 정말 그 일을 즐기며 좋아서 하는 행동이라는 것을 서서히 이해하게 된다. 비슷한 수준의 급료를 받는 다른 항공사의 직원들에 비해 사우스 웨스트 항공 직원들의 생산성이 20 퍼센트나 더 높은 이유는 이러한 정신에 있는 것이다. 곧 사우스 웨스트 항공이 고객들에게 어떻게 더 높은 가치를 제공할 수 있는지 뒷받침해준다. CEO 허브 켈러허의 오른팔 콜린 바렛이 기업문화 유지를 책임지는 고객 담당 부사장직을 맡고 있으면서 고객 서비스를 강조하는 이유이기도 하다.

허브 켈러의 리더십을 통한 나의 리더십 비전

memo

# 콘돌리자 라이스(Cosndoleezza Rice)

**흑인여성으로 세계가 주목하는 미국 국무장관**

**최연소, 첫 여성, 첫 흑인의 스탠포드대학 부총장에서 미국 국무장관으로......**

리더십 키워드

꿈을 향한 절대 포기할 수 없는 용기, 도전, 그리고 모든 일에 남들보다 두 배로 열심히......

부시행정부의 국무부 장관 라이스는 1954년 노예의 후손으로 태어났다. 그녀는 피아니스트의 꿈을 접고 소련학을 전공하여 스탠포드대학의 교수로 부임을 한 후 1994년 최연소 첫 여성 첫 흑인 스탠포드대학 부총장이 되었다. 이후 2001년 부시 대통령의 백악관 국가 안보 보좌관을 거쳐 2004년 미국 국무부 장관이 되었다.

## 콘돌리자 라이스(Cosndoleezza Rice)는 누구인가

### 1954년 인종 차별이 심했던 미국의 남부 앨라바마주

1950년대 미국은 흑인 차별이 심했다. 미국 남부 앨라바마주에 워싱턴의 흑진주 라이스(Rice)가 노예의 후손으로 태어났다. 그녀의 고조모는 하녀로 일을 했고, 그녀의 조상 대부분은 백인들의 집안일을 돌보던 하인이었다. 그러나 그녀는 미국 앨라바마 버밍엄에서 장로교 목사 아버지와 음대 교수 어머니 사이에 외동딸로 태어났고 부모들은 3살 때부터 피아노 레슨을 시킬 정도로 자식 교육에 열성적이었다. 그녀의 할아버지는 자식에게만큼은 구차한 삶을 물려주고 싶지 않다며 목화를 팔아 마련한 돈으로 자녀들의 학비를 마련했고, 유색인종이 입학할 수 있는 학교를 찾아 이사하기를 마다하지 않았다. 결국 자녀 중 한명이 장로교 목사가 되었고 바로 그가 콘돌리자 라이스 아버지다.

## 부드럽게 연주하라는 뜻의 '콘돌 체자'

피아니스트이자 오르간 연주자였던 그녀의 어머니는 이탈리어의 '콘돌 체자'(con dolcezza: 부드럽게 연주하라)에서 딸의 이름을 따왔다. 콘돌리자 라이스는 이런 어머니의 영향을 받아 3세부터 피아노 레슨을 받았고 2002년 세계적 첼리스트 요요마와 협주할 정도로 피아노 실력이 뛰어났다. '콘티'라는 애칭을 붙여준 그녀의 어머니는 피아노 교사였던 외할머니의 영향을 받아 피아니스트가 되었고 콘티는 자연스럽게 음 감각을 모르던 어린 시절부터 피아노 앞에 앉아 건반을 두드리며 할머니의 연주 모습을 흉내내곤 했다. 이를 주의 깊게 보았던 외할머니는 일찍부터 콘티에게 피아노를 가르치지 시작했고 4세에 첫 연주회를 열었다.

그녀의 부모는 콘티가 다양한 문화를 접할 수 있도록 어려서부터 발레, 음악, 외국어, 스포츠 등을 가르쳤으며, 직접 스케이트까지 가르쳤다. 그녀의 어머니는 그녀가 책을 많이 접할 수 있도록 글을 깨치기 전부터 피아노 악보를 보여주었고 덕분에 그녀는 쉽게 글을 깨쳤다. 초등학교에 입학한 후에는 각 학년의 필독서로 선정된 도서 목록에 따라 문학 작품을 읽었다.

어머니의 이런 도움으로 콘티는 '책벌레'라는 별명을 얻을 만큼 책읽기를 즐겼고, 책을 통해 배운 지식과 더불어 이러한 간접적인 경험들은 그녀가 한층 더 성숙한 인간이 되는 토대가 되었다. 사회적으로 불이익을 당하는 신분을 가진 콘티는 항상 모든 일에 '두 배는 더 열심히'라는 원칙을 세우고 지켰다.

## 꿈을 향한 용기 그리고 도전

"아빠, 제가 밖에서 백악관을 구경해야 하는 것은 단지 제 피부색 때문이에요? 두고 보세요. 전 반드시 저 안으로 들어갈거에요."

아버지가 콜로라도 주 덴버로 전근하면서 고교생 라이스는 15세에 덴버대학을 조기 입학한다. 그 후 피아니스트가 되고 싶었던 라이스는 흑인 최초로 버밍햄 음악학교에 다시 입학했다. 그렇지만 그녀는 음악가로는 자신의 존재를 부각시키기에 한계가 있다는 것을 깨닫고 다른 길을 선택했다. 만약 용기가 없었다면 국무장관 라이스는 없었을 것이다. 다른 길을 선택한 그녀는 우연한 기회에 매들린 올브라이트 전 미국 국무장관의 아버지인 조세프 코벨 교수의 스탈린 강의를 들은 뒤 국제정치학으로 전공을 변경한다. 그렇게 라이스는 덴버 대학과 노틀담 대학에서 정치학과 국제학을 전공하고 덴버 대학에서 박사학위를 받았다. 그리고 불과 26세 나이에 소련 관련 연구로 박사학위를 받은 뒤 명문 스탠퍼드 대학교의 정치학부교수가 되어 세상을 놀라게 하면서 그는 학계에서 러시아 전문가로 이름을 날린다. 자신의 존재 가치를 중요하게 여긴 라이스는 3년 안에 교수로서의 능력을 입증해 보여야만 교수직을 보장해 줄 수 있다는 학교의 제의에 젊고 실력 있는 교수로 학생들의 마음을 온전히 사로잡았고, 부교수직을 보장받게 된다. 기회가 넘쳐나는 명문대학교에서 자신의 능력을 증명해 보임으로써 탄탄한 사회 경력을 쌓기 시작한다. 그녀는 자신이 해야 할 일이 무엇인지에 깨닫고 숨어 있는 자신의 잠재력과 자신의 길을 찾았다. 어느 누구보다 잘할 수 있는 분야와 정열을 갖고 있었기에 가능한 것이었다.

국무부에서 인턴 근무를 마친 후 1981년 26세에 스탠퍼드대 교수가 된 라이스는 곧 소련 분야에서 학자로서의 명성을 얻었고 레이건 행정부 시절인 86년 휴직 후 국방부 자문역을 맡아 87년에는 합참의장의 전략 핵정책 고문 자격으로 소련과의 핵무기 감축 협상에 참여했다.

89년에는 부시 전 대통령의 국가안보 보좌관인 브렌트 스코크로프트(Brent Scowcroft)에 발탁돼 백악관 국가안보회의(NSC)의 소련 및 동유럽 담당 책임자로 임명됐다. 이때 부시 가문과 처음 인연을 맺었고, 부시 전 대통령과 미하일 고르바초프 전 소련 대통령간의 전략무기 감축협상에 실무를 담당했고, 소련이 독일의 통일을 받아들이도록 설득하는 데도 일조했다.

또 소련 붕괴와 독일 통일 직후에는 ABC 등 미국 방송에 해설자로 출연, '안방스타'로 유명해졌다. 당시 부시 전 대통령에게서 "소련에 관한 내 지식은 모두 라이스가 가르쳐준 것"이라고 칭찬을 받을 정도로 인정을 받았다.

이후 스탠퍼드대 교수로 돌아온 그는 94년 '최연소, 첫 여성, 첫 흑인'이라는 진기록을 세우며 스탠퍼드대 부총장으로 취임했다.

## 꿈은 이루어진다.

백악관 문턱을 넘어선 콘돌리자는 브렌트 스코우크로프트 전 백악관 안보 보좌관과의 인연으로 정계에 입문했다. 34세에 조지 부시 행정부 당시 소련 자문역을 맡으면서 자연스럽게 정계에 입문한 라이스는 탄탄한 지식과 반대파를 끌어들이는 데에 탁월한 역량을 발휘했다. 이후 스탠퍼드 대학으로 돌아가 1993년부터 99년 학장까지 지냈으나 조지 부시가 2000년 대권에 도전하자 정계로 복귀했다.

2001년 현재 부시 대통령이 취임하면서 흑인 여성으로서는 최초로 국가안보 보좌관을 맡게 되는데, 이는 그녀가 정확한 분석력과 빠른 판단력을 겸비하고 주요 현안을 간단명료하게 설명하는 능력이 탁월하다는 평을 받았기 때문이다. 부시 대통령이 2004년 말 재선에 성공하면서, 2005년 부시 2기 행정부에서 국무장관을 맡으면서 라이스는 10세 때 그녀의 아버지에게 백악관에 들어가겠다고 한 말을 실천하게 되었다. 그리고 학교 친구들에게 이러한 말을 남겼다고 한다.

> "자신에게 찬성만 하는 동료를 찾는다면, 이미 잘못된 동료 속에 파묻힌 것이나 마찬가지다."

## 라이스가 들려주는 리더십의 열쇠

### 두 배로 더 열심히!

비록 문서로 되어 있지는 않으나 반드시 티투스빌 가(家)에 내려오는 불문율과 같은 것으로 '두 배 로 더 열심히' 그리고 '안타깝다'거나 '뭔가 잘못된 건 아닐까?'와 같은 말을 하지 않는 것이 그녀의 리더십의 핵심이었다.

## 적절한 때에 맞는 행동과 선택

1991년 봄, 독일이 통일되자 콘디는 자신의 입장을 밝혔다. 스카우크로프트는 콘티가 계속 안보리에 남아주기를 바랐다. 그리고 1991년 3월 11일 걸프전이 종결되었다. 콘티는 이제 워싱턴을 떠나 학계로 돌아가야 할 시간이라고 판단했다. 그녀는 오로지 '가르치고 싶다'는 생각뿐이었다. 스탠퍼드로 복귀한 그녀는 강단에서 이렇게 말했다.

"소련에서 발생한 일련의 사건들은 표면에 드러나지 않았던 감춰진 비밀이었습니다. 워싱턴 정치가조차 전혀 알지 못했으니까요. 저는 재임 기간 중에 소련의 문제를 직접 목격했을 뿐입니다."

## 전문가가 되어라

콘티는 스탠퍼드 대학 재임기간 동안 총 15편의 논문으로 대부분 저널, 또는 제정 러시아· 소련사의 외교 문건을 기고하였다. 학계로 복귀한 지 6년까지 그녀는 총 5편의 논문을 발표했고, 그 중 세 번째로 출간된 책이 『독일 통일과 유럽의 변화 - 정책수립에 대한 연구』였다. 또한 그녀의 이력서에는, '러시아어', 체코 및 프랑스어 유창' 외국어에 능통한 것으로 표기되어 있다.

memo

# 힐러리 로댐 클린턴(Hillary Rodham Clinton)

**뜨거운 야망으로 미국의 최초 여성 대통령에 도전했던 First Lady**

리더십 키워드

"이제 우리에게 주어진 과제는 불가능해 보이는 것을 가능하게 만드는 기술로서 정치를 실천하는 것이다"

- 웨즐리 여대 졸업사 中

성공한 변호사이며 8년간 백악관의 퍼스트레이디였으며 현재 상원의원인 힐러리 로댐 클린턴은 1947년 시카고 근교의 중산층 가정에서 태어나 웨즐리 여대(1969)와 예일대 로스쿨 1973을 졸업했다. 1971년 예일대 로스쿨 재학 당시 빌 클린턴을 만나 1975년에 결혼 하였다. 1991년 미국의 가장 힘 있는 변호사 100명에 선정이 되었으며, 1992년 대선에서 남편 클린턴을 당선 시키는데 결정적인 공헌했다. 2000년 뉴욕에서 연방 상원의원으로 당선 되었으며 저서로는 『백악관으로의 초대』, 『살아있는 역사』, 『집 밖에서 더 잘 크는 아이들」 등이 있다.

## 힐러리 로댐 클린턴(Hillary Rodam Clinton)은 누구인가

### 학창시절

힐러리는 1947년 10월 26일 일리노이 주 파크리지에서 태어났으며 평범한 동네에서 평범한 유년 시절을 보냈다. 힐러리의 부모는 자녀교육을 아주 엄격하게 했으며, 감정적이기보다 늘 이성적으로 생각하고 자립심이 뛰어나도록 지도했다.

힐러리는 모든 일을 열심히 했고 완벽했다. 학교에서도 그녀는 언제나 돋보였으며, 대표로 나서는 것을 좋아했다. 어느 날 그녀는 친구들과 함께 마틴 루터 킹의 연설을 들으러 갔다가 킹 목사의 연설을 통해 인종 차별에 대해 알게 되었으며, 정치적 야심에 눈을 뜨게 되었다.

이후 고등학교를 졸업하고 명문 웨즐리 여대에 진학을 한 후, 학생회장이 되어 웨즐리 여대의 리더로서 혁신적인 변화를 이끌었다. 이후 예일대 법대를 수석으로 졸업한 뒤 변호사의 길을 걷게 된다.

### 남편을 미국의 대통령으로…

예일대 로스쿨 시절 대통령에 대한 야망을 품고 있던 빌 클린턴을 만나 결혼을 하고 빌의 고향인 아칸소에서 빌의 의원출마를 준비했다.

1978년 클린턴은 아칸소의 최연소 주지사로 당선이 되었는데, 이 모든 것에는 힐러리의 꼼꼼하고 치밀한 준비가 뒷받침이 되었다. 빌이 주지사 재선에 참패한 후에도 힐러리는 계속적으로 왕성한 활동을 하였고, 결국 빌 클린턴은 미국의 대통령이 되었다.

빌 클린턴이 대통령이 되고 나서 터진 성추행 파문은 그녀에게 가장 큰 시련을 안겨주었으며, 이로 인해 그녀는 견디기 힘든 시절을 보내게 된다. 당시의 힐러리는 그녀의 자서전에서 '클린턴의 목을 비틀고 싶었다'고 표현하면서 그 사건이 이혼하고 싶을 만큼 힘든 사건이었음을 밝히지만, 그녀는 특유의 침착함과 차분함으로 끝까지 빌을 믿으며 그를 용서하는 결단을 내린다. 이것은 클린턴 대통령뿐 아니라 혼란 속에 쌓여있던 민주당 전체를 살리는 결정적인 역할이 된다.

## 첫 여성 대통령을 준비하며

2000년 11월, 클린턴 대통령의 임기가 끝나기도 전에 그녀는 연방 상원의원 선거에 출마해 뉴욕 주 상원의원이 되었다. 클린턴의 정권 말기 '영부인'이라는 지위를 버리고 정치적 홀로서기를 시작하게 된 것이다.

2007년 1월 힐러리 클린턴은 차기 대통령선거 출마를 공식

선언했다. 그녀는 오바마에게 패해 대통령후보를 내주고 말았지만 막대한 선거자금과 조직을 확보해 대선 레이스 선두주자 중 한 명으로 가능성을 보여 준 최초의 여성후보이다.

## 실패를 성공의 발판으로

대학 때 학생회장을 했었던 화려한 이력 뒤에는 고등학교 때 선거에서의 낙방이라는 쓰디쓴 패배가 있었다. 또한 정치사상적으로도 그녀는 어릴 적 부모님의 보수성향에 의해 지대한 영향을 받았었고, 자신만의 정치체계를 세우지도 못했었다.

하지만 그녀에게는 열정과 끊임없는 도전이 있었고, 스스로 깨우치며 성장해 나갔다. 그녀는 끊임없이 자신을 채찍질해나갔고, 완벽주의로 무장한 채 자신의 작은 실수도 용납하지 않았다. 한 계단 올라서면 두 계단 위를 향해 전진해 나가는 자세로 일생을 살았다.

## 위기 대처 능력

한 남자를 30여 년간 온전히 믿고 사랑하며 존경해오며 살아왔는데 그런 남자로부터 당한 배신과 정신적 충격은 이루 말할 수 없이 클 것이다. 물론 힐러리는 누가 클린턴을 욕하고 손가락질해도 클린턴 스스로가 힐러리에게 고백하기 전까지 끝까지 그를 믿으며 보호하려 했다. 그때의 힐러리의 그 담담한 표정은 진심으로 남편 클린턴을 믿고 그를 위해 하려는 사람들로부터 보호하겠다는 단호하고 엄숙한 표정이었다. 그 때 보여준 모습은 리더의 현명한 위기대처능력을 보여준 것이었다.

힐러리 일화 중 많은 이들이 알고 있는 대중적 이야기가 있다. 클린턴과 힐러리가 한 주유소를 방문했을 때 그 주유소에서 힐러리의 옛 남자친구를 만났다고 한다. 클린턴이 아내인 힐러리에게 그 남자친구였던 주유소 사장을 가르키며 "당신이 저 친구와 결혼했다면 지금쯤 당신이 이 주유소의 안주인이 되어있겠군."이라고 말하자 힐러리는 "No, 아마 저 친구가 지금 미국의 대통령으로 되어 있을 걸요"라고 받아 말했다는 말은 많은 사람들이 알고 있는 힐러리를 상징하는 일화로 알려져 있다.

memo

# 반기문

**시골 소년의 꿈이 이루어진 UN사무총장 반기문**

목표는 크게 세우고 불가능이라고 불려도 건전한 도전 정신을 가져야 합니다. 그리고 사람들이 잘 하지 않으려는 일을 선택하십시오.

### "당신의 꿈은 무엇입니까?" "나의 꿈은 외교관입니다"

1944년 충북 음성에서 태어난 반기문은 3남 2녀 중 장남으로 태어났다.

충주고 2학년 때 외국 학생 미국 방문 프로그램에 선발되어 3학년 때 미국을 방문했고 케네디 대통령과 만날 수 있는 기회를 갖게 되었다. 반기문 사무총장은 외교관의 꿈을 갖게 되고 꿈을 이루기 위해 1970년 서울대 외교학과를 졸업했다. 1970년 외무고시 합격 후 2004년 외교통상부 장관을 거쳐 2006년 제8대 UN사무총장이 되었다.

## 반기문, 그는 누구인가

2006년 한국 역사에 남을 제8대 유엔 사무총장 반기문은 1944년 충북 음성군에서 3남 2녀의 장남으로 태어나 1956년 유엔과의 인연을 시작한다. 당시 초등학생이던 반기문은 학교 대표로 유엔 사무총장에게 보내는 탄원서를 학교 대표로 낭독했다. 충주고등학교 2학년 '외국학생의 미국 방문 프로그램(VISTA)'에 선발되어 3학년 미국을 방문했을 때 케네디 대통령을 만난다. 당시 반기문은 케네디 대통령이 꿈이 무엇이냐고 물었을 때 "외교관"이라고 대답할 만큼 자신의 꿈에 대한 신념이 대단했다. 이후 그는 자신의 꿈을 위해 서울대 외교학과를 진학해 1970년 외무고시에 합격하면서 본격적인 꿈을 이루기 위한 첫 단추를 끼었다. 이후 초등학교부터 간직했던 자신의 꿈대로 성실하고 열정적인 외교관으로 일했고 2004년 외교통상부 장관을 맡았다.

## 삶을 열정적으로 살아라

반기문 유엔사무총장의 오늘은 그의 영어실력이 뒷받침하였다. 충주중학교 시절, 영어교사가 무조건 하루에 배운 것을 10번씩 써오라고 하자 반기문 총장은 매일 같이 그 숙제를 다 하면서 문장을 통체로 외워 버렸다. 고 1때는 같은 반 학생을 위한 영어 교재를 만들기도 했다. 반 총장의 영어실력은 충주의 비료공장 엔지니어와 그 가족 때문이었다. 고향 선배인 어느 교수가 전하는 말은 다음과 같다.

"미국인 엔지니어 부인들이 돌아가면서 회화를 가르쳤는데, 충주고의 반기문 학생이 제일 뛰어났다. 그 사람은 영어로 된 것이면 뭐든지 통으로 외우고 다녔다. 거의 미친 사람처럼..." (몰입하는 사람)

1975년 외무부 국제연합과 차석으로 시작해 1979년 유엔대표부 1등 서기관 신분으로 처음 유엔 본부에 들어간 반기문 사무총장은 점심시간을 이용해 불어를 익혔다. 반 총장은 사무총장 선거 캠페인 중 프랑스와 북서 아프리카의 불어권 국가 정상 및 외교장관들과 만나면 불어로 대화하고 연설도 불어로 해 유엔 회원국들의 이목을 끌었다.

1998년 주 오스트리아 대사를 역임할 당시 반기문은 틈나는 데로 독어를 공부해 독어권 대사들과 모인 자리에서 주로 독어로 연설을 하였다.

반기문 총장이 장관직을 맡은 2004년 1월 이후 총 105개국을 방문했으며 재직 기간 990일 중 1/3인 330일을 해외에서 보냈다. 또한 각국의 외교장관들과 만난 횟수도 만만치 않으며 총 321 차례의 외교장관회담에 참가했다. 60세를 넘긴 나이에도 24박 26일이라는 엄청난 일정을 거뜬히 소화하여 젊은 보좌진들도 혀를 내두를 정도의 '강철 체력'을 과시할 정도이다.

## 공과 사를 구분해라

반 총장과 부인 유 여사 사이에 1남 2녀가 있다. 두 딸을 결혼시킬 때도 차관과 비서관 이외에는 일체 비밀로 하고 결혼식이 끝난 후 공지할 정도로 공과 사를 엄격하게 구분했다.

오스트리아 대사로 부임했을 때 공관에 전화를 한 대 더 설치해 개인 용무로 사용한 전화 요금은 자신의 비용으로 지불하였다.

유엔 사무총장 당선 후에도 장관 판공비를 최소화하기 위해 대부분의 식사대접을 화려한 호텔이 아닌 장관 공관에서 치렀고 가족 · 친지 · 친구 등 사적 관계로 인한 연회 비용은 전부 개인 비용으로 처리했다. 이런 자세는 오랜 시간 부정부패에 흔들리지 않은 공직자로서의 삶을 살 수 있도록 했다.

## 긍정적으로 생각해라

그는 가세(家勢)가 기울어 고학을 하면서 체육을 제외한 모든 과목에서 A학점을 받아 서울대 외교학과 우등생으로 선발되었다. 그리고 1984년 미국 하버드대 행정대학원인 케네디 스쿨에서 연수를 받으면서도 반기문 총장은 특유의 학습

의욕으로 졸업식 때 우수상을 받았다. 그리고 2등으로 외무고시 3회에 합격했다. 이때 가족들에게 " 평생 1등만 해 오다가 2등을 처음 해봤다."고 말했다. 그러나 신입 외교관 연수를 마칠 때 다시 1등을 하여 주미대사관에 발령받도록 돼 있었다. 그러나 당시 반 총장은 후진국인 인도(뉴델리)총영사관 근무를 신청했다. 미국에 가면 저축하기 힘들지만 후진국에 가서 돈을 아껴 집안에 보태기 위해서였다.

남들이 가지 않으려고 한 인도를 자청해서 간 반기문은 그곳에서 당시 인도 총영사 노신영을 만난다. 노신영은 18대 외무부 장관과 국무총리를 지냈고 '배짱 외교'로도 유명한 사람이었다. 노신영은 반 총장이 힘든일, 허드렛일도 마다않는 것을 유심히 지켜보았고 이후 반 총장에게 외교관으로서의 마음가짐과 태도 등 훌륭한 외교관으로 성장하기 위해 필요한 모든 것을 알려주는 멘토 역할을 했다. 또한 반 총장은 선배의 가르침을 잘 따랐다. 반 총장의 몸소 실천하고 낮은 자리를 마다 않는 자세는 그를 초고속 승진의 길로 이끌었다.

## 겸손하라

반기문 총장은 97년 이사관(2급)으로 초고속 승진하였다. 그러자 반기문 총장은 당시 자신의 선배 · 후배 · 동기들 100여 명에게 일일이 편지를 썼다.

"일찍 승진해서 죄송합니다."

이는 항상 자신을 낮추고 타인을 배려하는 반기문 총장의 성품과 상하 수평의 조화를 이끌어 내는 그의 탁월한 리더십으로 보여진다.

## 인연을 소중히 하라

사람의 마음을 사는 비결은 '정성'뿐 이라는 노신영 총리에게 배운 철학으로 그는 아무리 바쁘더라도 항상 편지를 자필로 답장하여 성의를 표하고 주변 사람과의 인연을 소중히 하였다. 방청소를 해주시는 아주머니, 운전기사, 외교부 출입기자. 직원 등 지위고하를 가리지 않고 모든 사람에게 친절하고 성의 있는 태도를 보였다. 한번은 공교롭게도 그가 불미스러운 사건으로 갑작스레 외교부 차관직에서 퇴진하게 된 날이 부하 여직원의 주례를 서기로 약속한 날이었다. 그는 주례를 바꿀까도 생각했지만 예의가 아니라는 생각에 그 직원이나 가족이 자신이 식장에 나타나지 않을까봐 걱정할 것 같아 식장에 한 시간 일찍 도착해 신부를 안심시키고 복잡한 마음에도 무사히 주례를 마쳤다. 이렇듯 그는 진정한 마음으로 사람들을 대한 결과 지금의 그가 있게 되었다고 본다.

memo

# 앙겔라 메르켈(Angela Merkel)

**동독 시골 소녀에서 통일 독일의 최초 여성총리**

리더십 키워드

> 조심스럽게 말하자면 저는 항상 어떤 위대한 한 사람의 정신으로부터 파생한 인물임에 지나지 않다는 생각을 하게 되었습니다. 그 때문에 저는 처음부터 '나'라는 고유한 사람으로 인식될 수 있도록 애를 써야만 했습니다.

앙겔라 메르켈은 11월 통일 독일이 선택한 여성 총리의 주인공이다. 앙겔라 메르켈은 1954년 함부르크에서 개신교 목사 아버지의 첫 딸로 태어나 공산주의 구동독에서 자랐다. 1961년 기술고등학교를 거쳐 1970년대 초반에는 자유독일청년회(FDJ)에 가입한다. 수학과 어학과목에서 뛰어난 재능을 보인 그녀는 고등학교를 졸업하고 1973년부터 1978년까지 라이프치히 대학에서 물리학 석사에 해당하는 디플로마를 받았다. 그 후 1986년 루츠 췰리케 교수 밑에서 박사 학위를 받은 후 1978년부터 1990년까지 베를린 과학 아카데미 물리화학 연구소에서 양자화학분야의 연구원으로 일했다. 1977년 물리학자인 울리히 메르켈과 결혼했으나 1982년 이혼하고, 1998년 베를린 출신 화학과 교수인 요아킴 자우어와 재혼한다. 메르켈은 1989년의 격동 중 결성된 민주개혁(Democratischer Aufbruch, DA)에 참여하면서 정치에 입문했고, 후에 1990년 기민당 하원 의원, 1991년 헬무트 콜 내각에서 여성 청소년부 장관을 지낸다. 1994년 11월 환경부 장관을 거쳐 1998년 기민당 당대표를 물려받아 2000년 4월까지 활동했다.

## 앙겔라 메르켈(Angela merkel)은 누구인가

### 총명한 아이

메르켈은 다른 아이들과 발달과정이 달랐다. 3세 때 할머니가 계신 함부르크에서 10주간을 보내고 돌아와서 그녀는 거의 완벽한 함부르크 사투리로 어머니에게 계단을 내려오는 것을 도와달라고 말할 정도로 언어적 감각이 발달한 아이였다. 그러나 운동감각은 발달이 느려 걷기 시작한 후에도 심한 언덕이나 계단을 내려오기까지 수년의 시간을 필요로 했다. 그녀 자신도 "운동 감각은 '꽝'인 아이"였다고 말한다.

메르켈의 선생님들은 그녀의 근면함과 재주를 자주 칭찬했고, 그녀의 동창들도 '월등히 우수한 학생'이었다고 회고한다. 그녀는 학교에서 가르치는 것보다 늘 앞서가는 학생이면서 확신에 차 있는 자신감 있는 아이였다.

## 앙겔라 메르켈의 선택

“부모님이 하시는 일들에 대해 늘 존경심을 품고 있기는 했지만 저는 항상 ‘세속적’ 직업을 갖고 싶었습니다.”

앙겔라가 좋아하고 잘했던 과목은 러시아어와 영어였다. 반면 제일 낮은 점수를 받은 과목이 물리학이었다. 그럼에도 그녀는 자신이 물리학을 선택한 이유에 대해 이렇게 말한다.

“물리학 이론에 관심이 많았어요. 아이슈타인의 상대성이론에 대해 자세히 알고 싶었고 원자폭탄을 개발한 오펜하이머와 그 주변 사람들이 대체 어떤 생각을 하고 있었는지 알고 싶었습니다. 그 외에도 궁금한 것들이 무궁무진했어요. 그리고 물리학을 선택하면 추천서를 받을 수 있다는 것도 결정적인 동기가 되었어요. 만약 심리학을 선택했다면 추천을 받지 못했을 테니까요.”

## 근면한 앙겔라 메르켈

메르켈은 물리학 실습에서 그다지 뛰어나지 않았다는 것을 잘 알고 있다. 그럼에도 그녀는 졸업시험에서 최고점을 받았고 졸업논문은 5학년 때 통과되었다. 그때 그녀의 나이가 32살이었다. 이후 그녀가 정치에 입문하기 전까지 그녀는 베를린 아들러스호프에 있는 동독 학술아카데미 산하 물리화학 연구소에서 연구원으로 일을 했다.

memo

# 세종대왕

**백성과 나라를 사랑하는**

리더십 키워드

세종대왕은 자주적인 조선, 부흥하는 조선을 만드는 비전을 위해 형식에 얽매이지 않고 신분을 뛰어넘은 인재의 등용과 끊임없이 공부하는 왕의 모습을 보이고 신하를 존중하는 포용의 리더이다.

한국의 역사에서 여러 통치자들의 발자취를 거슬러 보면 탁월한 리더십으로 나라를 태평성대 하게 이끌었던 이들이 있다. 그들 중 단연 한사람으로 꼽을 수 있는 세종대왕은 인재를 적재적소에 잘 두어 백성의 평안과 나라의 발전을 도모하고자하는 자신의 목표를 잘 이룰 수 있었다.

## 세종대왕이 걸어온 길

태조 이성계가 세운 조선건국 6년, 1397년 정안군 이방원과 여흥 민씨의 셋째 아들 '이도'가 태어났다. 몇 해 후, 이도의 아버지 이방원이 왕위 승계로 태종이 되고 어머니 민씨가 원경황후가 되었지만, 셋째 아들인 이도는 왕위 계승과는 거리가 있었다. 조선시대에는 원자의 생산과 더불어 보양청을 두고 원자의 육아를 전담하였다. 원자 중에서 왕위를 이을 것으로 생각되는 장손에게는 학문 외에도 외교정세, 병법, 나라와 신하를 다스리기 위한 여러 가지를 엄격히 교육하였다. 셋째 아들이었던 이도는 어려서 문을 즐기고 명석하였지만, 세자로 책봉된 형과는 다른 교육을 받았다. 왕권을 보호하기 위하여 정치보다는 학문을 가르치고, 병법보다는 사냥을 가르치고, 화초나 풍류를 즐기도록 교육 되었다.

이도가 충녕군으로 책봉된 10년째인 1418년의 일이다. 맏형 양녕대군의 왕세자 폐위로, 충녕대군은 22살에 왕세자로 책봉되었다가 그 해 8월에 조선의 국왕으로 즉위하였다. 왕이 된 세종은 정치와 경제가 태종의 시대보다 안정됨을 바탕으로 학문연구와 정책연구를 통해 나라를 강하게 만들고, 백성들이 더 나은 삶을 영위하도록 만드는 것에 집중했다.

세종은 집현전의 설치와 함께 문화 사업을 활발히 했다. 유교 문화의 기틀 안에 1420년(세종 즉위 2년) 집현전을 설치하여 학식이 높고 뛰어난 인재를 모아 학문을 닦고 연구하도록 하였다. 조정 대신들에게는 깊이 있는 공부와 토론하는 문화를 조성하였다. 물론, 집현전의 가장 큰 업적은 한글의 창제이다. 학자들의 관점에 따라 의견의 차이는 있지만, 세종이 훈민정음 창제에 가장 공헌하였다. 중국의 선진 문물의 이해를 돕기 위해 <자치통감>, <한유문>, <명황계감>, <치평요람>, <무원록> 등의 서적들을 한글로 번역하거나 주석을

붙인 편찬으로 발간했다.

세종은 과학의 중요성을 인지하고 과학의 발전을 위해 힘썼다. 조선시대는 농업중심 사회였던 만큼 농기구의 역할이 중요했던 그 시대에 과학의 힘은 장영실로 하여금 농기구의 개량을 통해 수확량을 늘릴 수 있었다. 천문학에도 관심을 기울여 천문을 연구하기 위한, 혼천의, 앙부일구, 자격루, 옥루, 측우기를 만들었고, 거리를 측량하는 기리고차 등의 기구를 만들었다. 국방에 필요한 무기개량에도 과학의 힘을 빌려 화포전, 화초, 총통전 등의 화약 무기도 개발했다.

세종은 궁중에서 유교의례에서 사용하는 음악조차 중국의 힘을 빌려 우리의 의례와 정서에 맞지 않는 곡이 연주되고 있는 것을 보고 우리의 것을 지키고 가꾸어 나가기 위해 아악을 새로이 정리했다.

세종은 1444년 '공법'을 만들어 백성이 과도하게 부과된 세금으로 겪는 어려움을 덜어주고자 했다. 이 법은 수년간 17만 명의 여론을 바탕으로 연구와 실험을 통해 토지의 비옥한 정도와 풍흉의 정도에 따라 차등적인 평등의 개념으로 세를 확정했다. '공법'은 조선후기의 '영정법'의 기틀이 되었다.

세종은 법전의 편찬으로 법치주의를 확립하고, 재판과 형벌제도를 합리적으로 정비했다. 이는 힘없는 백성들이 가혹하거나 억울한 형벌을 받지 않도록 하였다. 죄를 지어 형벌을 받은 죄수들의 감옥생활도 병의 온상이 되지 않도록 위생을 돌보았다. 사형 죄에는 세 번의 심판을 거치도록 '삼복법'을 통해 생명의 소중함을 지키려 했다.

세종은 조선시대의 유교정책을 표명하며 팽배해 있는 불교세력의 부정적인 폐단을 없애기 위해 사원의 토지와 노비를 없애고, 선종과 교종의 사찰 규모를 축소하여 순수종교의 기능만을 인정하였다.

또한 그는 남으로 왜구의 세력을 물리치고 북으로는 압록강과 두만강 유역까지 영토를 확장하여 조선의 기세를 펼쳤다.

뿐만 아니라 그는 32년간의 재위기간을 통해 안과 밖으로 내실을 다지며, 중국 문화의 흡수를 통해 발전을 꾀하면서 자주성을 잃지 않으며 민본 정치를 이루었다.

## 끊임없이 배우는 왕의 모습을 보이다.

세종은 어려서부터 활쏘기나 말 타기 등의 활동적인 것 보다는 늘 손에서 책을 놓지 않는 학구적인 소년이었다. 어린 충녕군은 병환 속에서 자리에 누워서도 책을 손에서 놓지 않았다. 태종이 충녕군의 병환이 염려되어 충녕군의 방에서 모든 서책을 물리라 명할 정도로 책을 읽고 또 읽었다. 충녕은 왕위에 올라서도 다독과 정독을 했다. 세종은 옛 역사를 담은 서책, 학문의 깊이를 위한 고문헌의 책에서 중국을 비롯한 외래 서적까지 두루 살피었고, 토론이나 논쟁을 통해 자신 뿐 아니라, 관직에 머무는 관리들도 함께 경전을 공부하도록 독려했다.

## 자주적인 조선, 부흥하는 조선을 만든 세종의 목표의식

세종은 자신이 왕이 되어 무엇을 어떻게 해야 하는지에 대한 구상을 했다. 그리고 왕위 재직기간 동안 열심히 자신이 생각하는 부강한 조선의 미래를 만들기 위해 노력했다. 부강한 나라를 만들기 위해서는 무엇보다 백성의 계몽과 교육이 먼저라고 생각했다.

세종은 부드럽고 온화한 성격으로 남의 허물이나 잘못을 감싸고 가지고 있는 자질과 능력을 있는 그대로 재주를 높이 사는 포용의 힘을 갖은 덕망 높은 왕이다. 그러나 내면적으로는 아버지 태종이 이복형제를 물리치고 형을 내세워 왕위를 승계한 내력의 아픔을 가슴에 품어 두고, 형 양녕대군의 허물을 감싸 훈훈한 형제애를 보여주었다. 세종대왕은 백성들을 어여삐 여기는 마음으로 생활하였다.

학문적으로는 집현전을 통해 학문을 높였다. 세종은 국가의 독립정신 자주정신을 강조하고 백성을 사랑하는 왕의 모습으로 그리고 신중을 기한 인재영입과 함께 백성들로부터 믿고 존경을 받는 왕이었다. 그리고 학문에 조예가 깊어 책을 다독과 정독한 왕으로 손꼽힌다.

memo

# 칭기스 칸(Genghis Khan)

**작은 부족장의 아들에서 몽고 제국을 지배한 영웅으로**

리더십 키워드

- 비전을 공유하라
- 리더가 솔선수범하라
- 어렵고 힘들어도 포기하지 말라
- 복종자가 아닌 추종자를 만들라
- 끊임없이 준비하고 준비하라
- 다양성을 수용하라
- 능력 있는 인재를 채용하고 권한 위임을 하라
- 원칙을 가지고 일을 수행하고 평가하라

"한 사람의 꿈은 꿈이지만, 만인이 꿈꾸면 현실이 된다."

"내 앞에서는 상식을 논하지 말고, 불가능을 입에 담지 말라."

## 칭기스 칸은 누구인가

몽골의 군인이자 정복자인 칭기스 칸(1167-1227)은 몽골 오넌강 상류지방에서 출생했다. 1206년 몽골 부족을 통일한 후 중앙아시아, 중국, 러시아, 서남아시아, 동유럽까지 정벌하고 역사상 가장 거대하고 강력한 군대와 국가를 건설했다. 22년간 재위하였고, 66세의 일기로 병사하여, 기련곡에 안장되었다. 후에 손자 쿠빌라이가 원나라를 세운 후 원의 태조로 추대되었다. 그의 본명은 테무진(Temujin)으로 쇠처럼 강한 남자라는 뜻을 지니고 있다. 소수 민족 부족장의 아들로 태어나 9살의 어린 나이에 아버지의 죽음으로 부족에서 쫓겨나 힘든 생활을 하였다. 이러한 열악한 환경과 조건 속에서 여러 번 죽을 고비를 넘기며 칭기스 칸은 부족의 족장이 되었다.

13세에 부족장이 된 그는 부족민을 한데 모으고 동지들을 규합하여 강력한 부족을 만들었으며 넓은 포용력과 날카로운 결단력으로 주변 세력을 점차 키워 나갔다. 1206년, 결국 의형제를 맺었던 이들까지 제압해 몽골의 통일을 이룩한다. 이때 몽골제국의 칸에 오르면서 각 부족의 뿌리 깊은 씨족 공동체를 해체하고 군사조직에 바탕을 둔 새로운 사회제도로 개편 하였다.

이렇게 체제를 정비한 칭기스 칸은 1209년 국외원정을 떠나 서하(西夏)를 점령하고, 금(金)나라를 토벌했으며 1219년부터 1223년까지 중앙아시아를 평정한 후 남 러시아를 정복하여 세계 최대의 제국을 건설했다. 마침내 칭기스 칸은 중앙아시아의 모든 초원을 지배하는 최고 통치자가 되었다.

정복한 땅은 네 아들들에게 사한국(四汗國)으로 분할 통치하도록 하였다. 그러다가 1227년 서하 원정 도중 칭기스 칸은 질병으로 사망하였고, 그의 아들들이 뒤를 이어 1234년에 원나라를 세웠다.

## 원대한 목표 의식을 가져라

징기스칸은 초원의 통치자가 되겠다는 원대한 꿈을 가지고 목표를 세웠으며 시련과 좌절 앞에서도 결코 좌절하지 않고 전진했다. 여기서 그는 "한 사람의 꿈은 꿈이지만, 만인이 꿈꾸면 현실이 된다"라고 강조하며 공동의 목표가 얼마나 중요한지를 알려준다.

## 자기 자신을 먼저 다스려라

“부족장 앞에서 가장 먼저 길을 열어라.”

언제나 인생을 이끌어 가는 것은 자신이다. 자신의 내부를 다스릴 줄 아는 자가 나라 안에 퍼진 도적들도 다스릴 수 있다.

## 리더가 솔선수범하라

징키스 칸은 언제나 솔선수범하는 리더였다.
평소에 칭기스 칸은 검소하고, 근면했으며 정직했다.
자기의 언행에 책임을 졌다.

## 능력있는 인재를 채용하고 권한 위임을 하라

철저한 능력중심으로 인력을 배치하였으며 기술자를 우대하고 전문교육을 강화시켰다. 또한 유능한 참모를 기용하고, 적재적소에 인재를 배치하여 유용하게 활용하였다. 인재를 발탁하면 그들에게 모든 신뢰와 권한을 주었다. 이 같은 노력으로 당시 몽골은 세계에서 가장 선진적인 무기와 장비를 가지고 가장 넓은 영토를 건설할 수 있었다.

## 수평적 사고로 대하고, 평등의 원칙에 입각하라

몽고군 안에서는 평등의 원칙이 지배하였으며, 많은 사람의 의견을 들어 더 좋은 방법을 찾아냈다. 큰 사람은 자신의 지식으로 이 세상을 다스리거나 자신만의 방법으로 이해하려 하지 않는다.

## 어렵고 힘들어도 포기하지 말라

고난과 역경은 나를 성장 시킨다. 악조건 속에서도 약속만

큼은 꼭 지켜라

## 끊임없이 준비하고 준비하라

작은 일도 절대 경시하지 않고 항상 적국에 대한 정보를 파악하였으며, 전투에 임하기 전 세심하게 준비하였다. 끊임없이 도전을 하는 것은 리더의 숙명이다.

## 다양성을 수용하라

눈과 귀를 열고 이해의 폭을 넓혀라.

칭기스 칸은 다문화와 다양성을 수용하고 존중하였기에 타민족을 포섭하는 뛰어난 능력이 있었다. 그리하여 흩어진 문화를 하나의 문화권으로 만들게 되었다.

## 원칙을 가지고 일을 수행하고 평가하라

원칙과 공정함으로 부하를 대하라. 또한 적절한 보상도 함께 하라. 원칙에 입각한 지혜만이 조직을 이끌며 살린다.

## 부하의 마음을 읽는 눈을 가져라.

부하들의 목숨을 소중히 여기며, 공로는 부하에게 돌려라.

그러하기에 부하들은 열과 성을 다해 전쟁에 임했고 재산과 권력을 탐하지 않았다.

memo

# 랜스 암스트롱(Lance Armstrong)

**암과 투병하면서 미국 대륙을 자전거로 횡단한 금메달 승리자**

리더십 키워드

> "단 1% 희망만 있어도 달린다."
> "시련은 있어도 좌절은 없다."
> "포기하고 싶을 땐 자신에게 먼저 물어보아야 한다."
> "고통과 평생 함께 살 것인가" 아니면
> "고통이 아닌 다른 것과 함께 살고 싶은지"

랜스 암스트롱은 암과 함께 달렸다.

사이클 황제 랜스 암스트롱은 1971년 9월 18일 미국 텍사스주 플레이노에서 태어났다. 어릴 적에는 철인 3종 경기를 하였고, 고등학교 졸업 후 본격적으로 사이클 선수로 데뷔하였다. 1996년 25세에 암에 걸려 2년의 시한부 인생을 선고받았으나, 삶을 포기하지 않고 투병을 이겨내고 1999년 투르드 프랑스에서 연달아 7번의 승리를 거머쥐며 '사이클의 황제'로 등극했다.

## 랜스 암스트롱은 누구인가?

랜스 암스트롱은 홀어머니 밑에서 자라면서 겪게 된 어려움이나, 양아버지와의 갈등 등에도 불구하고 그런 상황에 처한 또래들이 흔히 빠지기 쉬운 잘못된 길로 빠지지 않았다. 일찌감치 내면에서 솟구치는 에너지를 분출할 통로를 찾았기 때문이다. 그의 곁에는 싸이클이 있었고 이때부터 랜스는 철인 3종 경기(달리기, 수영, 사이클)를 시작하게 되었다.

22세 되던 해인 1993년, '세계 사이클 선수권 대회'와 '투르 드 프랑스' 대회의 베르뎅 구간에서 우승함으로써 그는 일약 최고의 단거리 선수로 촉망받게 되었다.

그러나 승승장구하던 그에게 1996년 10월 '세계 선수권 대회'를 얼마 앞두고 생존율 30% 미만에 불과하다는 고환암이 선고되었다. 그나마 너무 늦게 발견해 이미 12개의 종양이 생겨 있었고 뇌에까지 암세포가 번져있었다. 사람들은 그가 살아날 가능성이 거의 없다고 여기기 시작했다. 하지만 그는 목숨을 부지하기 어려운 상황에서 한쪽 고환을 잘라내고 뇌로 번진 암세포를 제거하기 위해 뇌를 절개하는 등 몇 차례의 대수술과 항암치료를 받으며 간신히 생명의 끈을 잡았다.

머리카락이 빠지고 구토가 치미는 항암치료를 견뎌내며 몸무게가 급격히 줄어드는 상황에서도 다시 페달을 밟는 재활훈련을 시작했다. 처절한 항암치료를 받으면서 훈련을 병행한 그는 불사조처럼 세계 최강의 선수로 부활하게 된 것이다. 그는 1998년 2월 당당히 복귀를 선언하며 이듬해인 1999년에는 '투르 드 프랑스'에 당당히 도전하여 우승하게 되었다. 그리고 2005년까지 7년 동안 늘 한결 같은 질주로 '투르

드 프랑스' 통산 22차례 구간 우승 기록과 최다 기록인 7연패의 신화를 남기고 은퇴를 선언했다. 이런 그의 꿈같은 우승은 암으로 고통 받는 많은 사람들에게 큰 희망을 심어 주었다.

## 확고한 목표의식

'투르 드 프랑스' 경기는 주행 구간이 가장 긴 경기이다. 이 구간은 고속도로 가드레일처럼 길게 이어지고 여름 짚단을 말리는 들판처럼 넓게 펼쳐진다.

그는 여기에 모든 것을 걸고 다른 사람이 쉴 때도 혼자 훈련했으며 '투르 드 프랑스'에서 승리하는 것과 체외수정으로 어렵게 얻은 아이를 건강하게 낳는 것, 이 두 가지 목적만을 마음에 품고 살았다.

확실한 목표가 있다면, 그 한 가지에 지속적으로 몰입하는 노력이 필요하다는 포기하지 않는 자세를 가졌다.

## 주어진 것들에 만족하며 살자

한창 사이클 선수로 승승장구 하던 1996년. 그는 고환암 판정을 받았다.

당시에 사람들은 입을 모아서 그의 선수 생명이 끝났다고 했다. 하지만 랜스는 모든 사람들의 예상을 깨고 세계 최고의 권위를 자랑하는 '투르 드 프랑스' 사이클 대회에서 1999년부터 2005년까지 무려 7회 연속으로 우승을 했다. 랜스 암스트롱은 과거에 나태한 삶을 살았지만 암이란 판정을 받은 후 자신의 과거에 반성하고 주어진 현재에 만족하며 최선을 다하는 삶을 살기로 결심했다. 현재 자신을 위해 과거와는 달리 더욱 열심히 훈련에 매진한 것이다. 이처럼 아직 일어나지 않은 일에 대한 근심보다는 희망을, 잘못된 과거에 대한 후회보다는 반성의 마음을 가지고 사는 사람이 훨씬 나은 인생을 살게 된다는 것은 너무나 당연한 일이다.

## 역경을 기회로 삼아라

"너의 모든 부정적인 것들을 긍정적인 것들의 기초로 삼아라"라는 어머니의 가르침을 어렸을 때부터 가슴에 깊이 간직한 랜스 암스트롱은 '부정'을 '긍정'으로 변화시킨 마음의 연금술 때문에 승리할 수 있었다.

## 고통과 함께 한 승리자

"고통은 순간적이다. 결국 고통은 사라지고 다른 게 그 자리를 차지하기 마련이다. 하지만 내가 중도에 포기하면 고통은 영원히 지속된다." 그는 그 고통과 함께 했다.

그에게 고통이란 인생에 꼭 빠져서는 안 될 필수 요소였다. 그 가혹한 현실은 그에게 자신을 철저히 훈련케 하는 엄격한 선생의 역할을 한 셈이다.

절망적인 상태는 그에게 더 큰 용기를 주어 사력을 다하여 투병하고 훈련하게 하였다. 그는 “고난과 고통 속에서도 고개 숙이지 않고 자신이 바라보는 곳을 더 강하게 바라보라. 당신을 더욱 강인하게 만들어 줄 것이다.”라고 말한다.

## 최선을 다하는 태도

죽음의 문턱까지 경험했다가 기적적으로 살아난 랜스 암스트롱은 남은 시간이 얼마 없다는 것을 실감하게 되었다. 그는 매일 아침 일어나 내게 특별한 또 하루의 기회가 주어졌다는 사실에 감사하며 활기차고 목적의식이 뚜렷한 하루하루를 살자고 다짐하며 어떤 순간에서도 최선을 다했다.

누구에게나 시간은 똑같이 주어진다. 하지만 똑같은 삶의 시간을 얼마나 최선을 다하는 삶을 사느냐에 따라 인생이 달라진다.

## 힘의 원천의 "희망"

"단 1%의 희망만 있어도 달린다"는 랜스 암스트롱의 불굴의 의지가 담겨 있는 말이다. 그는 단 1%의 가능성과 희망만 있어도 주저 없이 도전하고 달렸다. 그것이 바로 사경을 헤

매던 고환암 환자를 그 누구도 이루지 못한 투르드 프랑스 7연패의 주인공으로 만들었다.

" 부정적인 것을 긍정적인 기회로 삼아라"
- 린다 암스트롱(랜스 암스르통의 어머니)

## 실패 뒤에는 반드시 교훈이 있다.

상실이나 패배 없이 성공과 승리만으로 가득 채워진 사람은 없다. 그것이 가능하다고 해도 반드시 행복을 가져다주지만은 않는다.

실패의 순간에 나타나는 행동이 훨씬 더 자기 자신의 모습에 가깝다. 때로는 실패가 나의 참모습을 보여주는 것이다.

## 배려와 사랑

**랜스 암스트롱과 독일의 얀 울리히...**

이들은 라이벌이면서도 결정적인 순간에 상대에 대한 배려로 더욱 큰 아름다움을 만들어 냈다. 지난 2001년 대회에서 울리히가 산악 구간 내리막길에서 넘어졌을 때, 암스트롱이 추월하지 않고 기다려 준 적이 있었다. 그 후 2003년 같은 경기에서 암스트롱이 15구간에서 응원 나온 한 아이에 걸려 넘어졌을 때 울리히에게는 암스트롱을 역전할 수 있는 절호의 기회가 있었으나 그는 자신의 사이클을 세운 체 암스트롱이 일어날 때까지 기다렸고 동등한 상황에서 다시 경주를 시작했다.

이 두 사람의 멋진 경기는 많은 사람들에게 감동을 주었고 우승은 암스트롱의 몫이었지만 '아름다운 질주'를 한 울리히는 암스트롱 이상의 찬사를 받았다. 이 둘은 개인의 명예도 중요하지만 넘어진 자를 뒤에 두고 앞서 나가지 않는 자세를 보여줌으로써 사람들의 마음을 울렸던 것이다.

(2007:박노해)

"20일간을 겨뤄 온 '투르 드 프랑스' 사이클 대회가 대장정의 막을 내렸을 때, 대회 5연패를 차지한 미국의 암스트롱은 암 선고를 이겨낸 인간 승리의 주인공이었기에 팬들의 감동은 더욱 컸습니다.

그러나 타는 듯한 피레네 산맥을 넘고 있던 지난 22일, 온 세상을 주목케 한 순간이 벌어졌습니다. 1위로 달리던 암스트롱이 응원하는 아이의 가방을 피하려다 그만 넘어져 나뒤굴었습니다. 겨우 15초차로 뒤쫓던 독일의 울리히 선수는 만년 2위의 한을 벗어 던질 절호의 기회였습니다.

그런데, 그가 멈췄습니다. 암스트롱이 다시 일어나 달리기 시작할 때까지 그는 묵묵히 멈춰서 있었습니다. 숨가쁘던 피레네 산맥도 멈출 줄 모르고 질주하던 지구 위의 사람들도 울리히와 함께 숙연히 멈춰선 것만 같았습니다. 대나무는 마디의 멈춤이 있어 곧게 자라고 강물은 굽이돌아 넉넉한 江心을 이루듯 삶은 아름다운 멈춤을 품고 있어 뿌리 깊어지는 것 같은 아름다운 순간이었습니다.

아, 나는 언제나 나를 멈추게 한 힘으로 다시 걷느니
나의 뼈아픈 순간들아
질주하는 내 삶의 아름다운 멈춤이 되어
나를 다시 내 영혼의 길을 따라 걷게 하라."

*** "암(CENCER)"이란?**

**C = 용기(Courage)**

**A = 대응(Attitude)**

**N = 포기하지 않기(Never give up)**

**C = 치료 가능(Curability)**

**E = 깨달음(Enlightment)**

**R = 동료환자 기억하기(Remembrance of fellow patients)**

- 랜스 암스트롱 -

# 오프라 윈프리(Oprah Winfrey)

**흑인 빈민가 미혼모 딸에서 세계 최고의 토크쇼 진행자로**

리더십 키워드

> 진정한 용기가 있다는 것은 역경과 시련을 두려워하는 것이 아니라 담대하게 그 환경을 기회로 삼고 정직과 겸손함으로 긍정적 삶으로 전환하는 것이다.

## 오프라 윈프리(Ophrah Winfrey)는 누구인가

" 저는 아주 어렸을 때 깨달았어요.
노력하는 사람의 우수함 앞에는 아무런 못할 것이 없다는
사실을 말 이예요."

현재 토크쇼의 여왕,「보그」지 패션모델, 영화배우(아카데미 여우조연상 후보), 자산 6억달러(한화 8,775억)의 갑부, 영화와 TV프로제작, 출판, 인터넷 사업을 총망라한 'Harpo' 엔터테인먼트 그룹의 대표. 시사주간 타임은 윈프리를 '20세기의 인물'중 하나로 선정하기도 했으며, 97년 포춘지 선정 미국 최고 비즈니스우먼 2위였을 뿐만 아니라, 인콰이어 지 선정 '세계 10대 여성'의 선두에 선정되고 97년 월 스트리트저널 조사로는 미국인이 존경하는 인물 3위에 뽑히기도 했다. 오프라 윈프리는 흑인에다 뚱뚱했고, 가난하고

불행했던 어린 시절을 보내 왔지만 오늘날 세계에서 성공한 여성 중 하나로 손꼽힌다.

## 내 삶의 무기는 무한한 열정과 긍정적 사고

극적인 반전의 인생을 살고 있는 오프라 윈프리의 인생은 역경과 고난 속에서도 생에 대한 열정과 긍정적인 삶의 방식을 통해 많은 이들의 가슴에 삶의 도전을 불러일으키는 전형적인 아메리칸 드림의 신화적인 인물이다.

토크쇼의 여왕이라 불리 우는 오프라는 미시시피의 시골한 흑인가에서 미혼모의 사생아로 태어나 가난과 학대와 방임의 복지 사각지대에서 어린 시절을 보냈다. 그리고 그녀는 가까운 친척들로부터 성폭행과 성추행에 시달렸고, 열 네 살이라는 나이에 임신을 하여 조산아를 낳았다. 그리고 그 조산아는 사망하였다.

오프라는 마약과 비만, 많은 남자관계와 이별을 통해 보다 깊은 절망과 상처들 속에서도 미래에 대한 꿈과 희망을 잃지 않았다. 그녀를 지금의 위대한 글로벌 리더로 거듭날 수 있게 한 것은 그녀의 지칠 줄 모르는 열정적인 삶과 자신의 아픔을 스스로 수용하고 치유한, 승리의 삶이었다.

글로벌 여성 앵커이자 사업가이며 사회복지 사업가

"진정으로 용기가 있다는 것은 두려워하지 않는 것이 아니라, 두려움 속에서도 담대하게 전진하여 헤쳐 나가는 것이다." 오프라는 자신의 삶을 이런 방식으로 사랑했다.

그리고 지금 오프라 윈프리는 미국의 신화적 인물이자 세계 여성들의 꿈과 희망이 되고 있다.

## 겸손하라

오프라 윈프리는 성공한 사람이 드러내기 쉬운 거만함을 절대 드러내지 않는다. 계부 밑에서 사생아로 자랐으며 할렘가의 비참한 가난을 견디지 못하고 미혼모가 되었던 사실, 그리고 그때 낳은 아이를 겁에 질려 내다버린 범죄에 이르기까지 그녀는 자신이 겪어온 아픔을 절대 잊지 않고 있다는 태도를 보인다. 그녀는 가혹한 시련 가운데 서 있는 사람에게 "나도 당신이 겪는 고통을 알고 있다"는 태도로 말한다.

## 긍정적으로 생각하라

오프라 윈프리는 최악의 상황에서도 그것을 이겨낼 수 있는 비결이 있음을 제시하며 긍정적인 대화로 역경과 시련을 이겨내는 삶을 보여주는 모델이다.

긍정적으로 말하고 행동하는 것... "나쁘다"보다는 "좋지 않다", "틀렸다"보다는 "다시 생각해볼 여지가 있다"로 "안 된다"보다는 "노력해 보겠다"로 말하는 그녀였다.

## 정직하라

1995년 쇼에서 중산층 마약사용에 관한 책 이야기를 하던 중, 자신의 마약상용 경험을 고백하기도 했다. 갑자기 방청객 앞에 일어나 "20년 전, 마약을 하면 당시 사귀던 어떤 남자와 더 가까워질 수 있을 것이라는 희망에 코카인을 복용했다"고 털어놓은 그의 고백은 대본에 전혀 없는 내용이었다.

그 고백은 '오프라가 지금까지 한 많은 이야기들 중에서 가장 어려운 것'이였을 것이다. 타블로이드 신문에서 <타임>지 이르기까지 많은 신문들이 그의 고백을 다뤘다. 그녀의 진솔함으로 인해 그녀는 대중들로부터 더 많은 사랑을 받게 되었고, 신뢰 받는 방송인이 될 수 있었다.

오프라 윈프리는 이러한 자신의 고통과 불행을 '진실성'을 가지고 TV 시청자들에게 당당히 고백함으로써 자유와 대중들의 신뢰를 얻었고 마침내 큰 부를 일궈낸 돈으로 사회에 환원하는 사회활동을 함으로써 존경받는 사람이 되었다.

오프라 윈프리는 아주 작은 일에도 생략하거나 넘겨짚지 않고 진지한 반응을 보이는 앵커였다. 또한 그녀는 TV 방송 출연자나 시청자들과 항상 호흡을 함께하는 공감적 대화자였고, 그 누구의 아픔도 남의 일처럼 여기지 않고 자신의 일처럼 기뻐하는 대중과 함께하는 방송인이다.

## 진솔한 자세를 가져라

오프라 윈프리는 체중 때문에 방송국에서 쫓겨난 적이 있다고 한다. 그녀는 눈물겨운 다이어트로 체중을 줄인 후 방송에 복귀하면서 자신의 어두운 과거를 진솔하고 솔직하게 고백하였다. 그녀에 관한 화제는 사람들의 관심을 집중시켰다. 그러나 사람들이 그녀의 과거를 용서하고 그녀에게 주목하게 된 것은 그녀가 과거를 고백할 때 진솔하고 성실한 마음으로 말했기 때문이다. 오프라 윈프리는 언제나 어디서나 대중들과 시청자들에게 작은 일도 생략하거나 넘겨짚지 않고 진지한 반응을 보인다.

표정과 태도와 말의 내용이 과거의 잘못을 참회하고 어둠을 떨쳐내는 용기로 가득 차 있는 자신의 메시지를 정확하게 전달한 것이다.

윈프리의 이러한 태도 속에서 배울 수 있는 것은 진지한 태도이다. 말할 때의 태도와 표정 그리고 말의 내용이 분리되지 않도록 정성을 들여 말하라. 그러면 바위 같은 고집쟁이도 설득당할 것이다. 또한 타인의 아픔을 함께 하는 자세로 말하면 타인의 공감을 얻기가 쉽다는 것 역시 잊지 말아야 할 것이다.

## 오프라 윈프리의 사명

첫째, 남보다 더 가졌다는 것은 축복이 아니라 사명이다. 자기보다 못한 사람을 도와주어야 할 책임이 있기 때문이다.

둘째, 남보다 아파하는 것이 있다면 그것은 고통이 아니라 사명이다. 아파 본 사람만이 아픔을 겪는 사람에게 봉사할 수 있기 때문이다.

셋째, 남보다 설레는 꿈이 있다면 그것은 망상이 아니라 사명이다. 그 꿈을 이룸으로써 사회와 이웃을 위하여 봉사할 수 있기 때문이다.

넷째, 남보다 부담되는 어떤 것이 있다면 그것은 사명이다. 해야 할 사명을 다하지 못해서 오는 부담 때문에 그것을 피하지 말고, 기꺼이 그 부담을 사명으로 여기고 감당해야 할 것이다.

memo

# 이종욱

**UN 전문 기관의 수장이 된 첫 번째 한국인**

리더십 키워드

> 무엇을 하든 돈을 선택의 기준으로 삼지 말아라.
> 경제적인 면을 가치 판단의 최우선 순위로 삼는 것은 낭비이다.

이종욱은 1945년 4월 출생하여 2003년 1월 세계보건기구(WHO) 제6대 사무총장으로 선출된 최초의 한국인이다. 그는 서울대 공대를 졸업하고 안양 나환자촌에서 봉사활동을 하던 중 의학 분야에 새로운 도전을 하여 1983년 세계보건기구 남태평양 사무소 나병 팀장으로 세계보건기구에서 일하기 시작했다. 1995년 WHO 백신국장으로 재직 당시 세계인구 1만 명 당 1명 이하로 소아마비 유병률을 떨어뜨리는 성과를 올리며 미국의 과학 잡지 사이언티픽 아메리카로부터 '백신의 황제' 라는 별명을 얻었다.

## 이종욱은 누구인가

이종욱 박사는 지금까지 한국인으로서는 국제기구에 진출

한 최고위직 인사다.

1976년 서울대 의대를 졸업한 이 박사는 대학 시절 내내 경기도 안양 나자로 마을에서 나병 환자를 위해 봉사 진료를 했다. 당시 가톨릭 신자로 봉사를 하러 한국에 온 동갑내기 일본인 레이코 여사와 1979년 결혼했다.

그 뒤 하와이대에서 공중보건학 석사 과정을 마치고 1983년 세계보건기구 남태평양 사무소 나병(한센병) 팀장으로 세계보건기구에 입문했다. 1993년부터 94년까지 WHO 서태평양지역 사무처 질병관리국장을 거쳐 1994년 WHO 본부 예방백신사업국장 및 세계아동백신운동 사무국장을 역임했다.

이종욱 박사는 '백신의 황제'라는 별명에 걸맞게 1997년 유명 테니스선수 마르티나 힝기스로부터 백신연구기금으로 7만5천 달러 기부를 끌어내 언론의 주목을 받기도 했다.

이 박사는 1998년 할렘 브룬트란트 사무총장이 취임한 이후 사무총장의 특별대표직을 시작으로 WHO의 정책부서를 두루 거쳤다. 2000년에는 결핵국장으로 자리를 옮겨 북한에 6만 명분의 결핵약을 공급하는 등 19개 국가를 대상으로 결핵퇴치사업을 추진했다.

결핵에 대한 국제적인 관심은 2000년에 에이즈, 말라리아와 함께 빈곤을 유발하는 3대 질병으로 널리 인식되면서 높아졌고 결핵국장인 이박사의 열성적인 활동도 여기에 한 몫을 했다는 평가를 받고 있다.

그리고 2003년 1월 세계보건기구(WHO) 사무총장으로 선출

되었다. 1948년 발족된 WHO는 국제노동기구(ILO), 유엔개발계획(UNDP), 유엔아동기금 (UNICEF) 등과 함께 유엔 산하 전문기구 가운데 가장 큰 기구중 하나로 전 세계 192개국이 회원으로 가입해 있으며 연간 예산은 뉴욕의 유엔본부 수준인 10억 달러 규모다.

평소 이 박사는 WHO의 밀실행정 및 관료주의에 대해 목소리를 높여왔으며 정치적 힘에 의해 정책이 입안되는 상황에 대해서도 비판적인 입장을 견지해왔다. 이에 따라 이 박사는 'WHO 조직에 변화가 필요하다'는 개혁적인 정책을 수행해왔다.

### 가난한 나라가 있는데 그 돈으로 호강할 순 없다

사무총장이 된 이후에도 2000cc 하이브리드카를 고집할 정도로 소탈했다. 식사를 항상 구내식당에서 직원들과 하는 것으로도 유명했다. 또한 남편이 하이브리드카를 타고 출근하던 첫날 아내 레이코는 열차를 타고 따로 취임식에 갔다. 그리고 제네바에서의 편안한 삶이 맞지 않다며 남미 페루에서 봉사활동을 하며 지냈으며, 사무총장 시절 가족과 떨어져 제네바 외곽 도시인 니용의 작은 아파트에서 검소하게 생활해왔다.

## 인류를 위한 봉사정신

그의 봉사에 대한 신념은 대학시절 안양 나자로 마을에서 한센병 환자를 돌본 것으로 시작해 일생동안 실천으로 옮겼다.

대학 졸업 후 개업을 하지 않고 춘천의료원에서 환자를 돌봤지만 이 역시 봉사의 차원이었다. 부부는 함께 태평양의 사모아 섬으로 날아가 새로운 봉사 인생을 시작했다.

미국령 아메리칸 사모아에서 근무를 하는 동안, 남태평양 한국 원양어업전진 기지에 진출한 200여척 참치잡이 원양어선 선원 2천명과 교민들에게 의료봉사 활동을 펼쳐 현지인 간호사들에게 한국인의 우수성을 깊이 심어주기도 했다.

## 일에 대한 열정

1998년 할렘 브룬트란트 사무총장에 취임한 이후 사무총장의 특별대표직을 시작으로 WHO 결핵국장으로 자리를 옮겨 북한에 6만명 분의 결핵약을 공급하는 등 19개 국가를 대상으로 결핵퇴치사업을 추진했고, 1년에 2백일을 넘게 해외출장을 다녔다. 특히 백신 보급뿐 아니라 빈곤을 유발하는 3대 질병의 하나로 인식되는 결핵퇴치에 크게 기여한 것도 그의 일에 대한 열정 때문이었다.

memo

# 장기려

**소외된 이들을 위한 무소위의 가난한 자들과 함께했던 헌신적인 의료인**

리더십 키워드

> 사랑의 동기 없이는 언동을 삼가야 한다.
> 옳은 것은 옳다 하고 아닌 것은 아니다 하여야 한다.
> 잘못된 것은 나의 책임이라고 믿고 해결하도록 한다.

성산 장기려는 1911년 평안북도 용천에서 출생하여 1932년 경성의학전문학교를 졸업한 후 평양연합기독병원에서 일했다. 그러나 1950년 남북 전쟁 때에 아내와 5남매를 북한에 남겨 두고 차남 가용만을 데리고 월남하여 부산 육군 병원에서 일하다 부산 영도구에 천막을 치고 복음병원을 세워 행려 환자를 치료하기 시작한다. 1968년에는 한국 최초의 의료보험조합인 청십자(靑十字)를 설립 운영하고 전간 환자 치료모임인 '장미회'를 설립하여 그 치료에도 정성을 쏟는다. 1959년 국내 최초로 간대량(肝大量) 절제수술에 성공하였으며 1975년 복음병원에서 정년퇴임한 후에도 집 한 채가 없어 고신대학교 복음병원측이 병원 옥상에 마련해준 20여 평 관사에서 생활할 정도로 무소유의 삶을 살았다. 1979년 라몬 막사이 수상을 비롯하여 10여개의 상을 받았다.

## 성산 장기려는 누구인가

인의(仁醫)인 성산(聖山) 장기려 박사는 1911년 8월 14일 장운섭과 최윤경의 둘째 아들로 태어났다. 당시 동장 일을 보던 둘째 작은 아버지 장일섭이 호적에 올리면서 나이를 두 살 늘려 주민등록상에는 1909년 7월 15일생으로 되어 있다. 1932년 서울의대의 전신인 경성의학전문학교를 졸업하고 1940년부터 북한 평양의과대학 외과 교수 겸 외과과장과 평양도립병원장을 지냈다. 1950년 6·25동란 때 아내(김봉숙)와 5남매를 북에 두고 차남(장가용, 서울대 의대교수)만 데리고 월남하여 부산에 정착하였다. 1951년 6월 21일, 전쟁 피난민, 전상자, 극빈자가 몰려있던 임시수도 부산 영도구 제3영도교회의 창고를 빌리고, 대한기독교 경남 구제회(대표자 전영창)의 도움을 받아 천막병원인 '복음진료소'(현 고신대학교 복음병원의 전신)를 개설하여 무료진료를 시작하면서 인술의 삶을 본격적으로 시작하였다. 당시 전시의 어려운 상황에서도 전화(戰禍)속에 내버려진 가난한 이웃들에게 참 사랑을 실천하고자 하였다.

휴전 후 부산 지역에 의료기관이 많지 않아 '복음진료소'를 복음병원으로 성장시켜 약한 사람들을 돌보는 인술을 펼치는 한편 의료 혜택을 지역사회로 나누어 지역 보건증진 및 의료발전에 공헌하였다. 또 1958년에는 부산시 서구 토성동에 있는 부산대학병원 뒤에서 행려병자 진료소를 차려놓고 3

년간 무료진료를 하기도 하였다.

1959년 2월 장기려 박사는 국내최초로 간의 대량 절제수술에 성공하여 국내 간 외과 발전에 중요한 기여를 하였으며, 간암에 대한 연구로 1961년 대한의학회 학술상을 수상하였다. 그는 국내에서 의료보험에 대한 개념이 일반인에게 인식되기 전인 1968년 5월 13일, '건강 할 때 이웃 돕고, 병났을 때 도움 받자'라는 기치 아래 지역민들의 협동정신과 자발적인 참여를 유도하여 국내 최초의 의료보험조합인 '청십자의료보험조합'을 설립하여 가난한 서민을 위한 조직을 만들었다. 이같이 지역주민들의 생활안정과 후생복지에 기여하는 도시형 임의지역 조합 운영 가능성의 제시는 20여년 후 전국민 의료보험의 효시로서 개발도상국의 의료보험 실시를 위한 본보기가 되었다.

이런 공적을 인정받아 1979년 8월 31일 '라몬 막사이사이 사회봉사상'을 수상하였으며, 청십자의료보험조합 직영 병원인 '청십자의원'을 1975년 8월 4일 설립, 조합원의 진료를 전담하였다. 1969년 12월부터는 간질환자 치료를 위한 협의체 '장미회' 운영 및 1976년 11월 지역사회 복지증진을 목적으로 '한국청십자사회복지회'를 설립, 생명의 전화 봉사, 장애자 재활협회 부산지부 창립(1985. 3. 28) 등의 사회복지사업을 실시하여 구체적으로 어려운 이웃의 벗이 되었다.

장기려 선생은 진실 · 사랑 · 성실이라는 단어를 찾아냈다. 진실한 공동체, 사랑의 공동체, 성실한 공동체라면 신앙과 상관없이 모두가 함께 동의할 수 있는 비전이라고 생각했다. 우리가 그의 평생 동안의 업적과 의사로서의 실천에 감동받는 것은 그가 비기독교인들과 끊임없이 소통하려는 마음이 강했기 때문이다. 그리고 “주님만을 섬기다 간 사람”이기를 원한 독실한 크리스천이면서도 조건식 믿음의 실천이 아닌 예수님이 하신 그대로를 실천한 진정한 시대의 봉사자였다.

장기려 선생은 예수님이 가진 비전을 그대로 가지고 있었다. 그는 돈이 없어서 의사와 병원 혜택을 못 보는 가난한 사람들을 평생 돌보기로 했다. 그는 미국 유학생 전영창의 도움으로 부산 영도교회 창고에 무료 진료소를 열면서 그의 비전을 본격적으로 실천에 옮기기 시작했다. 그는 개원 초기에 하루 평균 60명의 환자를 진료했다. 그러나 3개월이 지나면서 100명이 넘는 환자가 몰려와 창고 진료소로는 더 이상 환자를 돌볼 수 없게 되었다. 그래서 국제연합민사원조사령부에 도움을 요청해 천막 3개를 지원받았고 1951년 당국으로부터 ‘복음의원’이란 이름으로 병원 개설을 허가 받았다.

장기려 박사는 행려병자의 무료진료 뿐만 아니라 손톱도 깎아 주고 몸도 닦아주었다. 물이 귀하지 않았다면 목욕까지 시켜 주었겠지만 물이 너무 귀해 그 일만은 못했다.

## 집조차 소유하지 않았던 무소유자

복음의원이 무료 병원이었으나 11명의 직원이 있었다. 그런데 원장인 장기려 박사의 병원 식구 계산법은 남달랐다. 직원은 11명이 아닌 11명의 직원에 딸린 식구까지 합쳐 44명을 병원식구라고 생각했다. 선생은 직원들 월급을 계산할 때 정식 직원 11명 이외에 33명의 가족 구성원들을 월급 책정 기준으로 삼았다. 그래서 월급을 직급이 아닌 가족 수에 따라 정했다. 그래서 선생의 월급은 운전기사 월급과 똑같았다. 선생이 이렇게 정한 것은 복음의원을 진정한 공동체로 만들겠다는 갈망 때문이었다.

선생이 죽었을 때 선생에게 남은 물리적 재산이라고는 하나도 없었다. 그가 병원을 퇴직할 때 살 집이 없어 고신대학교 복음병원측이 병원 옥상에 사택을 마련해 주었던 사례를 보아도 그가 신앙적 삶을 몸소 실천하였다는 것을 잘 알 수 있다.

전종휘 박사의 말에 따르면 “인제의대 자문교수로 명예원장직에 있으면서 거의 매일 오후, 병원에 나오시어 외과 레지던트들을 보살펴 주시고 회진도 하시고, 또 많은 학술 집회에 나와서 토론과 해명을 해 주시는 장 박사께 학교에서 매달 소액이나마 사례금을 드리기로 하였다. 그러나 아시게 되면 거절할 것이 뻔해 학교에서 이것을 장 박사의 이름으로 적금하여 총액이 1억 원이 넘게 되어 보람 있게 쓰시라고 하였더니, 인제 장학재단 기금에 넣으라고 하여 장기려 박사의 뜻에 따르기로 하였다. 그 장학기금 1억 원을 적금으로 넣어온 동료의 한 사람에 의해 입금시킨 일이 있다. 널리 알리지 말라는 부탁이 있어 별세하신 이후에야 알려지게 되었다."

## 신실함과 성실함

그는 1928년 경선의전에 31등으로 입학했으나 2학년에 올라갈 때는 4등 이었고, 3학년 때는 2등, 4학년 때는 1등 이었다. 장기려 박사는 의사가 되기 위해 학창 시절 공부에 열정을 다하는 성실한 학생이었다.

장기려 박사는 의사로서의 연구에도 열심이었다. 1958년 대한외과학회에 실린 선생의 "간 내 맥관 계통의 형태학적 연구"는 우리나라 최초의 간에 대한 논문이었다. 1959년 "간 및 담도 외과"에 대한 숙제를 부산의대에서 맡게 되어 간에 관한 연구를 집중적으로 하게 된다. 이 연구를 통해 1959년 간암에 걸린 사람의 간에 대한 대량절제술을 실시하여 성공했다. 그 후 4건을 더 성공시킨 후, 1960년 가을 실험결과를 묶어 대한외과학회에 보고하였고 이것으로 1961년 대한의학회 학술상(대통령상)을 받았다.

## 사 랑

"다른 사람들이 모두 다 가지 못하는데 내가 어찌 특별대우를 받아 가겠느냐? 모두 갈 수 있을 때 나도 가야지......"

장 박사는 북한에 있는 가족을 만날 수 있는 기회를 몇 차례 가졌다. 그러나 매번 정부의 특별한 배려로 가족을 만날 기회가 있었지만 어찌 자신만 만나겠냐고 하시며 거절하셨다. 실제 이 일을 추진했던 현봉학은 '이렇게 훌륭한 분이 세상에 다시 또 있을까?' 라고 생각했다고 한다.

딸 신용의 편지에도 선생의 폭 넓은 사랑은 진하게 나타난다. 1987년 장혜원이 북한으로부터 받은 딸의 편지에서 선생의 사랑이 묻어난다.

아버지의 일을 어머니께 전하자 어머님께서 "저희 아버지, 거기서도 여전하시구먼, 두 개 가지면 벌 받는 줄 아시는지 번번히 거지에게 옷 벗어주고 퍼렇게 얼어서 들어오셨어. 내가 부엌에서 굶는 것도 모르시곤 길 가는 거지들을 불러와서 겸상 차려 먹이신 양반이지."

memo

*참고문헌 및 사이트


**콘돌리자 라이스**

2003, 안토리아 펠릭스외: CONDI 콘돌리자 라이스

2007, 박은몽: 명품 인생을 살아라

2007, 김종현외: 콘디의 글로벌 리더십

http://term.naver.com

http://tong.nate.com/justinkim

http://cafe.naver.com/dianhong.cafe

http://www.whitehouse.gov

**버럭 오바마**

버락 오바마의 삶, 꿈과 희망

담대한 희망, 버락오바마, 랜덤하우스코리아

내 아버지로부터의 꿈, 버락 오바마, 랜덤하우스코리아

오바마의 꿈, 김민웅, 시사IN

오바마가 전하는 충고, 도정일, 한국경제

버락 오바마에게 벼락같은 축복올까?, 정인환기자, 한겨레21(1/21)

백인,무당파, 젊은층, 왜 오바마를 택했나, 민경진/ohmynews

버락 오바마, 최을영, 인물과 사상(4월호)

신선함, 유머, 카리스마… 제 2의 케네디, 허용범, 조선일보

오바마 '美 첫 흑인대통령의 꿈' 야망의 첫발. 박지희기자, 경향닷컴

**빌게이츠**

2000, 빌게이츠: 빌게이츠 @ 생각의 속도

2004, 빌게이츠: 성공을 말하다

**손정의**

2006, 손정의 : 이오우에 아쓰오  하연수

2005, 야기 츠토무

2000, 다케무라

http://blog.naver.com/yalzzari/110011833021

**스티븐 잡스**

2001, 앨런 도이치먼: 못말리는 CEO 스티브 잡스

2005, 윌리엄 사이먼: iCon 스티브 잡스

2005, 시릴 피베: i CEO 스티브 잡스

2006, 김영환: 스티브 잡스의 창조 카리스마

2007, 조선: 창조 경영' 의 제왕 애플 컴퓨터 CEO 스티브 잡스

http://www.apple.co.kr

**월트디즈니**

1995,론 그롯버: The Disney Touch

2003,월트디즈니:

http://www.disney.co.kr

**이건희**

2001, 삼성경제연구원: 한국경제 먹여 살릴 10대 산업.

2003, 김성호, 우인호공저: 이건희 개혁 10년

2004, 박운석: 집념과 도전의 역사 100년

2004, 김영한: 삼성사장학

2004, 영남대 경영대학원: 삼성물산의 지식경영

2005, 이건희 시대: 강준만

2005, 이채윤: 삼성 CEO 경영어록

2005, 김병윤외: 삼성신화 아직 멀었다

2005, 장혁: 삼성이 권하는 인재유형

2005, 김관호외: 삼성전자 & 타이거우즈 그 16가자 교훈

2006, 이규성: 성공을 물려주는 명문기업가의 자식 농사

2007, 정철화: 삼성&도요타 창조경영

2007, 신정수: 삼성 기회선점경영

http://www.samsung.co.kr

**허브 캘러허**

http://www.fishplay.co.kr/emailzine/fish/emailzine47-1.html

**힐러리 로댐 클린턴**

2006, 강인선: 힐러리처럼 일하고 콘디처럼 승리하라 (세계의 1%, 최고들에게 배워온 치열한 자기 혁신법)

2007, 이지성: 여자란 힐러리처럼(꿈을 품은 모든 여자가 세상의 중심에 우뚝 서는 법)

2007, 칼 번스타인: 힐러리의 삶

**반기문**

2007, 이하원외: 조용한 열정 반기문 (외교관을 꿈꾸던 소년에서 UN 사무총장까지)

2007, 신웅진: 바보처럼 공부하고 천재처럼 꿈꿔라 (반기문 유엔 사무총장이 세계의 청소년에게 전하는 꿈과 희망의 메시지)

http://www.un.org/sg/

**앙겔라 메르켈**

2005, 게르트 랑구트: 앙겔라 메르켈 (통일 독일의 선택 최초의 여성 총리)

2006, 니콜 슐라이: 앙겔라 메르켈 (독일 첫 여성 총리)

2007, 박은몽: 명품 인생을 살아라

**랜스 암스트롱**

2004, 랜스 암스트롱: 1%의 희망

2007, 랜스 암스트롱: 이것은 자전거 이야기가 아닙니다 (랜스 암스트롱, 삶으로의 귀환)

2000. 8.31. 주간조선1618호

- http://www.lanceamstrong.com
- http://www.letour.fr
- http://www.nike.com
- http://www.livestrong.org

## 오프라 윈프리

2002, 자넷 로우: 신화가 된 여자 오프라 윈프리

2003, 존 발도니: 윈스턴 처칠에서 오프라 윈프리까지

2006, 에바 일루즈: 오프라 윈프리, 위대한 인생

2006, 주간조선: 스페셜 리포트- 내 운명을 바꾼 한 마디

2007, 박은몽: 명품 인생을 살아라

2007, 로빈 웨스턴: 나는 실패를 믿지 않는다

2005, 존 바텔: 검색으로 세상을 바꾼 구글 스토리

2006, 데이비드 A. 바이스: 구글 성공신화의 비밀

http://www.google.co.kr

저자 소개

김명희(金明姬) (http://www.humanlife.co.kr)

한양대학교 졸업

미국, Southern Illinois University 수학

미국, University of South Carolina 석사

미국, U.C Berkeley 대학원, 심리학과 수학(인지 · 행동정서치료, 관계심리학 전공)

숙명여자대학교 대학원, 박사

미국, U.C Berkeley 심리학과 국비해외파견 교수

미국, U.C Berkeley 심리학과(부설 인간발달 연구소) 국비 해외파견 연구원

미국, 부부, 가족상담 치료사(M.F.T) 국제면허취득

현재, -백석대학교 기독교상담학과
상담대학원 교수
-한국인간행동유형연구소소장 (KHBTI)
-한국리더십연구회 회장
-아동, 가족상담 슈퍼바이저
-기질전문분석가
-가족치료전문가(MFT)
-에니어그램 전문강사(미국)
-DISC 전문강사(미국)
-NLP 프렉티쇼너(미국)

글로벌 리더들의 리더십 DNA

첫판 1쇄 2008년 10월 24일

지은이 김명희 · 한국리더십연구회

펴낸이 장석홍

펴낸곳 도서출판 장서원

140-160 서울 용산구 남영동 7-1(201호)

전화 703-5362 팩스 797-5362

등록 제 03-01213호

shjang1011@ hanmail.net

정가 15,000원

파본은 바꿔드립니다.